RÉFORMATEURS

ET

PUBLICISTES

DE L'EUROPE

DIX-HUITIÈME SIÈCLE

PAR

AD. FRANCK
MEMBRE DE L'INSTITUT

PARIS
CALMANN LÉVY, ÉDITEUR
RUE AUBER, 3, ET BOULEVARD DES ITALIENS, 15
A LA LIBRAIRIE NOUVELLE

1893

J. G.
6881

RÉFORMATEURS

ET

PUBLICISTES

DE L'EUROPE

CALMANN LÉVY, ÉDITEUR

DU MÊME AUTEUR

FORMAT IN-8°

ÉTUDES ORIENTALES . . . . 1 vol.
RÉFORMATEURS ET PUBLICISTES DE L'EUROPE. —
    Moyen âge et Renaissance . . . . 1 —
RÉFORMATEURS ET PUBLICISTES DE L'EUROPE. —
    Dix-septième siècle . . . . 1 —

Droits de reproduction et de traduction réservés
pour tous les pays y compris la Suède et la Norvege.

IMPRIMERIE CHAIX, RUE BERGÈRE, 20, PARIS. — 25125-12 92. — (Encre Lorilleux).

RÉFORMATEURS

ET

PUBLICISTES

DE L'EUROPE

DIX-HUITIÈME SIÈCLE

PAR

AD. FRANCK

MEMBRE DE L'INSTITUT

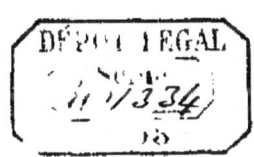

PARIS
CALMANN LÉVY, ÉDITEUR
ANCIENNE MAISON MICHEL LÉVY FRÈRES
3, RUE AUBER, 3

1893

INTRODUCTION

L'œuvre accomplie par le xviii° siècle dans le domaine de la politique et du droit a donné naissance à des opinions, on pourrait dire à des passions, diamétralement opposées, qui subsistent encore sous les nombreuses modifications que le temps lui a fait subir et qui continuent d'exercer leur influence contradictoire sur les institutions et sur les idées. Il n'est donc pas inutile, avant d'étudier en détail les hommes qui ont pris une part importante à l'œuvre commune, de dresser en quelque sorte le bilan du bien et du mal, des vérités et des erreurs qui peuvent être justement attribuées à cette mémorable période de notre histoire, autant dire de l'histoire de l'humanité. C'est par le bien, c'est par la vérité que je commence, non seulement parce que cette partie de l'inventaire auquel nous allons procéder nous est la plus précieuse et la plus chère, mais parce que c'est le bien qui nous fait comprendre le mal, c'est par la possession de la vérité que nous pouvons nous faire une idée de l'erreur.

C'est au xviiie siècle que nous devons, sous sa forme la plus générale et la plus complète, l'émancipation de la pensée ou la liberté intellectuelle, sans laquelle il n'y en a pas d'autre, sans laquelle, pour un être raisonnable, l'idée même de la liberté, de la justice et du droit est incompréhensible, sans laquelle enfin il n'y a pas de créature humaine, car la pensée est la première faculté qui distingue l'homme de la brute. Rousseau, en un sens, a raison de dire : « L'homme qui pense est un animal dépravé, » puisque l'homme qui pense cesse d'être un animal et rentre en possession de sa nature propre supposant qu'il puisse jamais la perdre entièrement. L'émancipation de la pensée, la liberté intellectuelle a commencé sans doute bien avant le xviiie siècle; on la rencontre dès l'origine de la philosophie; elle a existé même dans les jours les plus florissants du moyen âge; elle a été proclamée avec le plus vif éclat par l'école cartésienne dans le cours du XVII siècle. Mais, renfermée dans les limites de la métaphysique et de la pure spéculation, ce n'est que dans le siècle suivant qu'elle s'est étendue de proche en proche au domaine entier de l'esprit humain, qu'elle a pris racine dans les habitudes et dans les mœurs.

C'est au XVIII siècle que nous devons la liberté de conscience sans laquelle ce n'est pas seulement l'esprit qui est dégradé et asservi mais l'âme elle-même; sans laquelle la religion, cette fille du ciel apparue sur la terre pour lui enseigner l'amour et l'espérance, se croit obligée de s'appuyer sur la force et de frapper avec l'épée ceux qu'elle a pour mission d'éclairer et de guérir par la parole. La liberté de conscience ne semble être d'abord qu'une conséquence de la liberté de penser; mais elle est loin de l'accompagner toujours; et Bossuet, qui parle en si beaux termes d'une raison qui ne relève que de Dieu et qui contient tous ses titres en elle-même, d'une philosophie indépendante de la théologie, applaudissait, on sait avec quel transport, à l'extermination et à l'expulsion de trois cent mille protestants. Néron et Dioclétien, qui supportaient dans leurs États toutes les opinions philosophiques, livraient les Chrétiens aux bêtes féroces ou en faisaient des torches vivantes, pour éclairer leurs jardins. Après la paix de Westphalie, le droit public de l'Europe a reconnu, dans certaines limites, la liberté confessionnelle. Mais c'est un philosophe du xviiie siècle, c'est Locke, dans son *Traité du Gouvernement civil* et dans ses *Lettres sur la Tolérance*, qui, le premier, a demandé, comme un droit naturel, la liberté de conscience, même la liberté religieuse, qui est un degré encore plus élevé du même principe, et c'est du livre de Locke qu'elle a passé dans la Constitution des États-Unis d'Amérique, dans les écrits de Rousseau et de Montesquieu et finalement dans la législation française, imitée à son tour par les États libres de l'Europe.

Ce sont les publicistes et les philosophes du xviiie siècle, Locke, Montesquieu, Rousseau, Wolf, Kant, Vattel, Burlamaqui, qui ont représenté l'intervention des nations dans leur propre gouvernement, quelle que soit d'ailleurs la forme de cette intervention, comme un principe de justice et de droit naturel. Il n'est plus question ici du libre vote de l'impôt, comme le demandaient déjà les publicistes de la renaissance et même du moyen âge; il s'agit d'une participation réelle des mandataires de chaque peuple aux affaires de l'État, et c'est là qu'est le commencement, la condition la plus élevée et l'essence même de la liberté politique.

Ce sont les publicistes et les philosophes du xviiie siècle qui ont demandé que la loi, expression humaine de la justice, fût la même pour tous les citoyens d'un même pays, qu'elle prescrivît à tous les mêmes devoirs en leur accordant les mêmes droits, et en les frappant, en cas de transgression, des mêmes peines prononcées par les mêmes tribunaux. La liberté civile, avec les proportions qu'elle présente dans certains pays, en Angleterre, par exemple, est sans doute une précieuse conquête; mais ce n'est pas assez; il faut qu'à la liberté vienne se joindre l'égalité devant la loi, autrement la justice est violée dans son principe, et la loi, en obtenant l'obéissance, n'a pas la majesté nécessaire pour commander le respect.

Ce sont les publicistes et les philosophes du

xviiie siècle qui ont établi l'union et la justice dans la famille comme ils les ont établies dans l'État, en rendant à la fois le père à ses devoirs et les enfants à leur amour réciproque, nécessairement affaibli par la domination inique d'un seul. On a invoqué, contre cette loi écrite dans le cœur et dans la raison des hommes avant de l'être dans le code Napoléon, l'autorité et la liberté paternelle, l'intérêt même des enfants placés sous la protection de leur aîné, l'intérêt de l'agriculture et de la population, frappées toutes deux d'inertie par l'extrême division des propriétés. Autant d'arguments, autant de sophismes. L'autorité du père est fondée sur ses devoirs, et ses devoirs sont les mêmes pour tous ses enfants. S'il y en a qui sont moins dignes que les autres de sa sollicitude, la loi lui donne le pouvoir de les déshériter dans une mesure proportionnée à ses sentiments naturels. Ce que je dis de l'autorité, je le dis aussi de la liberté paternelle ou du droit de tester. Il n'existe point de droit contre le droit, ni de liberté contre un devoir. Le droit d'aînesse, la transmission intégrale des patrimoines, créerait-elle aux enfants d'une même famille une protection qui leur manque aujourd'hui? Protection est synonyme de tutelle; la tutelle ne doit exister que pour des mineurs; or, il ne s'agit pas ici de mineurs, il s'agit de l'homme adulte qui a le droit de veiller sur lui-même et de se passer d'une protection qui consiste uniquement à le dépouiller, et qui, même quand elle serait efficace, serait encore payée trop cher. Pour ne pas quitter le terrain du droit naturel, pour entrer dans le domaine de l'économie politique, je ne ferai qu'une seule remarque sur les raisons tirées de la population et de l'agriculture. C'est dans les pays de droit d'aînesse qu'on trouve la plus profonde misère, et par suite la plus grande mortalité. La multiplicité des naissances ne me touche pas; car l'important n'est pas qu'il y ait beaucoup d'hommes dans un pays, mais que tous les hommes qui y sont jouissent d'une condition honorable et digne de leur nom. Ainsi le xviiie siècle a raison contre les sophistes de nos jours.

C'est le xviiie siècle enfin qui a aboli la torture, les supplices raffinés, les crimes imaginaires, et qui a fait pénétrer l'humanité, ce n'est pas assez dire, la charité et la raison dans le code pénal. Pour juger des progrès de l'humanité et de la commisération publique, que l'on compare le retentissement qu'à eu l'exécution de Calas avec le silence glacial au milieu duquel sont tombées, durant les siècles antérieurs, tant d'autres victimes non moins innocentes et livrées à une mort encore plus cruelle.

C'est chose inutile de faire l'énumération de tous les bienfaits dont nous sommes redevables à cette grande époque; qu'il nous suffise d'en rappeler les plus importants, ceux que l'hostilité la plus aveugle et la plus obstinée ne peut pas mettre en doute. Cependant ils ne doivent pas nous fermer les yeux sur les erreurs, les fautes et même les crimes dont ils étaient accompagnés. Voici donc, parmi les erreurs qu'on peut reprocher au xviiie siècle, les plus dangereuses et les plus malfaisantes.

Fier jusqu'à l'ivresse de cette puissance de la raison, qu'ils voulaient délivrer de toutes les entraves, les publicistes et les hommes d'État de ce temps ne doutaient jamais d'une idée, d'un principe qu'ils croyaient avoir découvert, eux qui doutaient de tout le reste. De là cette fougue impitoyable dans la réalisation; de là ce déplorable divorce avec toutes les traditions du passé ; de là ce mépris pour l'expérience dont notre faible raison ne peut jamais se passer ; de là cet oubli des ménagements, des tempéraments, de la patience, des douces transitions qu'on doit à ce qui est et à ce qui a été, quand on veut assurer le triomphe de ce qui doit être. « Périssent les colonies plutôt qu'un principe ! » s'écriait-on dans un fol enthousiasme. Ceux qui parlaient ainsi oubliaient qu'il n'y a pas de principe supérieur à l'intérêt de l'humanité, à la protection que la société doit à tous ses membres, au respect qu'elle doit à ses propres engagements, à la pitié que réclame l'esclave même qu'on veut affranchir et qui n'est pas encore initié à l'usage de la liberté.

Apportant la même fougue et le même aveuglement dans leurs efforts pour conquérir la liberté politique et la liberté civile, ils oubliaient que la liberté n'est qu'un vain mot si elle n'est défendue par une autorité armée d'une force suffisante; ils oubliaient que le droit serait bientôt vaincu par la force, et que la société elle-même périrait par l'anarchie si le droit de chacun n'était protégé par la force de tous, c'est-à-dire par l'autorité publique, agissant au nom du droit de tous, manifesté par la loi. De là ces défiances incurables envers tous les gouvernements, envers tous les pouvoirs, même ceux qu'ils avaient eux-mêmes constitués; de là l'état de guerre établi, dans la plupart de leurs Constitutions, entre les gouvernements et les gouvernés.

Mais voici qui touche à des intérêts plus graves et plus chers. L'hostilité qui les animait, au nom d'une liberté mal comprise, contre tous les pouvoirs de la société et de la terre, ils l'étendaient pour ainsi dire jusqu'au ciel. Beaucoup d'entre eux se croyaient plus grands et plus forts, plus dignes du beau nom d'hommes libres, en se passant de Dieu : comme si notre raison et notre liberté n'étaient pas une émanation directe de la raison et de la liberté divines; comme si nos droits n'étaient pas diminués et affaiblis en perdant leur origine céleste, leur caractère immuable et divin.

En se plaçant à un autre point de vue, ils avaient une telle confiance dans les progrès de la raison, de la justice, de la science, qu'ils s'imaginaient pouvoir réaliser sur la terre cette harmonie du mérite et des récompenses, cette perfection de la vertu et du bonheur que la foi et une sage philosophie transportent dans le ciel. Ce qu'ils attendaient de cette vie les autorisait dans leur pensée à se passer de la vie future. De là les rêveries dont Condorcet nous fait la confidence dans son « Tableau des progrès de l'esprit humain ». Cependant comment nier qu'il y a des douleurs de l'âme et des infirmités du corps, sur lesquelles les meilleures lois de la société et toutes les découvertes possibles de la science resteront absolument impuissantes? Il suffit de nommer la vieillesse et la mort, la séparation dernière et la décadence inévitable. Comment nier encore que si la justice est une vérité et non pas un mot, que si ses lois sont éternelles et non relatives, elle doit s'étendre à l'avenir comme au présent et ne se tenir pour satisfaite qu'après avoir réparé les blessures inévitables qu'elle reçoit des hommes?

Le XVIIIe siècle, cela est vrai, a aimé avec passion l'humanité, mais d'un amour purement terrestre, et qui, ne s'étendant pas au delà des intérêts, des besoins, des afflictions et des félicités de la vie présente, a pris avec raison le nom de philanthropie. Il n'a pas connu, il n'a pas voulu connaître cet amour éternel et divin qui s'appelle la charité. La philanthropie, sans aucun doute, est nécessaire, quoiqu'elle n'agisse que sur les maux visibles ; mais la charité répond à une nécessité à la fois plus impérieuse et plus élevée, parce qu'au delà du corps elle va chercher l'âme, au delà des douleurs matérielles les douleurs spirituelles, au delà de l'homme l'esprit immortel fait à l'image de Dieu et né pour le ciel.

Telles furent les illusions et les défaillances de l'époque où nous allons entrer. Malgré la violence avec laquelle l'esprit de parti s'en est emparé pour nous amener à détruire l'œuvre de nos pères et nous rendre odieux jusqu'aux noms de la raison et de la liberté, il ne faut chercher ni à les dissimuler ni à les amoindrir. Mais il ne faut pas que la vue du mal nous ôte la mémoire du bien; il ne faut pas que la vérité et la justice se changent en ingratitude. D'ailleurs, le xviiie siècle est-il le seul qui appelle sur lui les sévérités de l'histoire, le seul qui ait pris ses passions pour la voix de la justice, ses préjugés pour celle de la raison, et qui, une fois son parti pris, ait mis ses actions d'accord avec ses pensées ? Que l'on songe aux supplices non interrompus, aux perpétuelles angoisses, aux superstitions implacables, à l'oppression sanglante, à la confusion universelle de ce cauchemar sans fin qu'on appelle le moyen âge. Qu'on se représente la barbarie et les raffinements mêlés ensemble, les superstitions et les doutes, les guerres religieuses et la politique sans entrailles, les massacres en masse du xvie siècle ; qu'on se rappelle le despotisme, la licence, les dragonnades et les folles ambitions du xviie siècle ; qu'on examine ce qu'il y avait en France de mœurs, de patriotisme, d'ordre, de justice, de légalité, au moment de la Fronde, ce temps si cher à nos beaux esprits. Mais ce n'est pas ainsi qu'on juge les générations ; autrement, au lieu d'une histoire on écrit une satire. Pour avoir la valeur d'une époque qui a laissé après elle de grands souvenirs, il faut la prendre telle qu'elle est, non comme nous voudrions qu'elle fût, pour justifier notre amour ou notre haine. Sous quelque point de vue qu'on la considère, celui de la morale, de la politique, de la philosophie ou des lettres, il faut lui demander son œuvre ou sa pensée tout entière, en cherchant ce qui a pu l'inspirer dans les temps antérieurs. Il ne serait pas juste que le xviiie siècle fut excepté de cette règle commune.

L'histoire des théories politiques et sociales au

xviiie siècle commence par deux hommes qui nous offrent en tout le plus parfait contraste, et qui cependant ont contribué au même résultat : à l'affranchissement de la raison humaine dans les questions de législation et de jurisprudence ; à la fondation d'un droit universel, appelé à régler et à corriger, sinon à détrôner, tous les codes du droit positif. L'un appartient a l'école expérimentale dont il est au xviiie siècle, surtout en France, le patriarche, l'oracle presque infaillible, la plus éclatante personnification. L'autre est un philosophe idéaliste qui voit briller la lumière de la raison universelle, non seulement dans la conscience, mais dans l'histoire; non seulement dans la pensée mais dans les faits, dans les actes en apparence les moins raisonnables et dans les croyances les plus obscures des premiers hommes. L'un n'écoute que l'évidence et le sentiment personnel, l'autre veut que l'évidence, dans l'ordre métaphysique et moral, se complète par la tradition, et le sentiment personnel par la raison et les instincts du genre humain. L'un s'appelle Locke, et l'autre Vico.

Locke et Vico sont les têtes de deux écoles rivales, entre lesquelles se partagent les publicistes et les jurisconsultes du xviiie siècle; l'école qui s'appuie sur la philosophie proprement dite, sur la philosophie seule, soit qu'elle invoque la raison ou le sentiment, et dont les représentants les plus éminents sont Rousseau et Kant; et l'école qui a pour but la philosophie de l'histoire, dont l'expression la plus glorieuse et la plus complète est Montesquieu. Rousseau et Montesquieu sont pour un temps, et dans l'ordre d'idées où nous devons nous renfermer, le xviiie siècle tout entier.

Les deux grandes écoles, qui nous représentent comme les deux courants de la pensée du xviiie siècle, ne ressemblent pas à celles qui plus tard se sont élevées sous les mêmes noms. Ce qu'on appelle, ou ce qu'on a appelé en Allemagne l'école historique, est tout simplement la négation du droit et la glorification du fait représenté par la coutume, la race, l'usurpation, la conquête. Au contraire, à l'époque où nous nous transportons, les deux écoles opposées diffèrent l'une de l'autre par la méthode, mais toutes deux rendent hommage au droit, toutes deux invoquent l'autorité de la raison, toutes deux enfin sont philosophiques, et celle qui mérite cette qualification au plus haut degré la revendique avec le moins d'orgueil.

Quand nous disons que Montesquieu relève de Vico comme Rousseau de Locke, nous ne prétendons pas qu'il y ait une égalité complète entre les deux rapports dont se compose cette espèce de proportion. Oui, Rousseau, c'est un fait, ne serait pas sans Locke. Le *Contrat social*, moins les paradoxes et les utopies dont il est plein, a été visiblement imité du *Traité du gouvernement civil*. Mais Montesquieu ne paraît avoir aucune connaissance de Vico; pas la moindre trace de *la Science nouvelle* ne peut être signalée dans *l'Esprit des lois*. Tout ce qu'on peut soutenir, c'est que la méthode et l'esprit de l'auteur français, le principe sur lequel repose son système, sont les mêmes à peu près que l'esprit, la méthode et le principe le plus élevé de l'auteur italien. Du reste, il ne s'agit ici que d'une manière accessoire de la doctrine historique de Vico. Ce qui doit nous occuper principalement, ce sont ses idées sur la jurisprudence, la politique et le droit. Un autre fait qu'il me paraît utile de signaler, c'est que Vico et Locke, ou leurs successeurs les plus brillants, Montesquieu, Rousseau, Kant, n'ont pas tellement dominé tous les esprits et éclipsé toutes les doctrines qu'il ne restait plus aucune place à une autre influence. Non, entre ces deux puissances nouvelles, l'ancienne école du xviie siècle, fondée par Grotius, fortifiée et éclairée par Leibniz, systématisée par Wolf, poursuit paisiblement le cours de ses destinées dans la diplomatie et dans les universités, interprétée avec autorité par Burlamaqui et ses disciples genevois.

D'autres, sans se soumettre directement à aucune des écoles que je viens d'énumérer, se sont fait un nom dans une des parties de la science, comme Beccaria dans le droit pénal, Vattel dans le droit des gens, Turgot dans les rapports du droit, soit avec l'économie politique, soit avec la politique elle-même; et (pourquoi ne pas lui accorder aussi un souvenir ?) l'abbé de Saint-Pierre dans les utopies de pacification universelle.

Telles sont, si l'on me permet cette expression les armées que nous trouvons devant nous, et qui, arrivées de tous les points de l'horizon, dirigent à la fois contre la vieille société leurs mouvements et leurs forces jusqu'à la veille de la Révolution française, cette explosion formidable par laquelle le xviiie siècle termina son existence. Il n'entre pas dans le plan de ce volume de les passer scrupuleusement en revue et de faire la part de chacun des publicistes qui ont joué pendant cette période un rôle plus ou moins important. Il n'y en a que quatre dont on se propose de s'occuper ici avec quelque étendue, non seulement parce qu'ils ont le privilège d'exciter plus d'intérêt que les autres, et même de pouvoir passionner encore quelques esprits mais parce que leurs œuvres impérissables fournissent la matière d'une étude toujours nouvelle et toujours féconde. Ces quatre écrivains sont : Locke, Vico, Montesquieu et J.-J. Rousseau. Locke étant le plus ancien, c'est par lui qu'il convient de commencer.

RÉFORMATEURS
ET
PUBLICISTES DE L'EUROPE

LIVRE PREMIER

LOCKE

CHAPITRE PREMIER

Notions biographiques.

Notre seul but ici étant de faire connaître et d'apprécier les idées de Locke sur la politique et le droit naturel, celles qui forment la substance de ses deux traités sur le gouvernement civil, nous ne parlerons pas de son *Essai sur l'entendement humain*, bien qu'il soit pour tous les esprits impartiaux un des plus grands monuments de la philosophie moderne.

De sa biographie, objet de sérieuses études

publiées en Angleterre et en France [1], nous ne retiendrons que les éléments les plus essentiels.

John Locke naquit le 29 août 1632, à Wrington, dans le Sommersetshire. Ayant fait à l'Université d'Oxford de brillantes études, il obtint tout d'abord un bénéfice au collège de la Trinité. Mais, au bout de quelques années, tout en gardant le fond des croyances de sa jeunesse, il renonça à la théologie et aux études spéculatives pour cultiver la médecine et les connaissances naturelles. Mais s'il montra du goût pour les sciences médicales, il ne s'en fit pas une profession et ne porta jamais le titre de docteur. Il ne rechercha pas même la qualité d'auteur, car il ne publia rien avant l'âge de cinquante-deux ans. En revanche, il s'occupait beaucoup de politique et de religion, et, comme le prouve plus tard sa *Lettre sur la tolérance*, attachait une importance particulière à la question des rapports de l'État avec les églises.

Secrétaire de lord Shaftesbury devenu ministre, la politique ne lui laissa guère le temps de s'oc-

[1]. Je me fais un plaisir de citer en particulier le substantiel et agréable petit volume de M. Marion : *J. Locke, sa vie et son œuvre d'après des documents nouveaux*, par Henri Marion, 1 vol. in-18, Paris, 1878.

cuper d'autre chose, surtout de philosophie. C'est lui qui composait en grande partie les discours que devait prononcer son maître et les mémoires qu'il présentait, soit au roi, soit à la Chambre des lords. Lord Shaftesbury étant tombé en disgrâce, Locke le suivit dans sa chute. Il se rendit d'abord en France, où il s'appliqua avec beaucoup d'ardeur à l'économie politique et à la science des finances; en même temps, devançant son compatriote Arthur Yung, il s'intéressa vivement au sort de l'ouvrier, surtout de l'ouvrier des campagnes, et aux procédés de l'industrie soit agricole, soit manufacturière. Avec cela il restait homme du monde, était très recherché pour son esprit, sa politesse, sa bonne grâce et les solides qualités dont il avait fait preuve comme ami, comme serviteur dévoué.

Accusé par le gouvernement de conspirer avec le parti de Monmouth, il fut obligé, pour échapper à la persécution et peut-être à la mort, de se réfugier en Hollande; mais là encore il trouva la main de ses ennemis. Il fut l'objet d'une demande d'extradition à laquelle il n'échappa qu'en vivant dans la plus obscure retraite. Rentré en Angleterre après la révolution de 1688, il ne tenait qu'à lui de vivre dans l'opulence avec le titre de rapporteur des questions coloniales et financières. Le roi s'offrait à lui laisser son traitement en le dispensant de tout service actif. Locke refusa par scrupule de conscience et consacra à la composition de ses ouvrages les années qu'il lui restait encore à vivre. C'est en 1690 qu'il publia son *Essai sur l'entendement humain*. Son libraire lui en donna trente livres, sept cent cinquante francs de notre monnaie. Son *Christianisme raisonnable (the reasonableness of christianity)*, qui parut en 1695, lui rapporta moins encore sans égaler la réputation de la *Lettre sur l'intolérance*. Au reste, les deux ouvrages pourront très bien se résumer dans cette maxime professée par Locke à la fin de sa vie : « Je pense qu'au dernier jour il me sera demandé, non pas si j'ai été de l'Église d'Angleterre ou de l'Église de Genève, mais si j'ai aimé, cherché et embrassé la vérité ».

Mort en 1704, Locke ne saurait être regardé comme un simple précurseur du xviii° siècle, il en est le modèle le plus accompli, ou, comme on l'a dit souvent, il en est le patriarche. La tâche qu'il propose aux temps nouveaux, il ne se contente pas de la prescrire, il essaie de la remplir dans la mesure des forces réparties à un seul homme, et, si l'on ne peut méconnaître ses erreurs, il faut lui laisser l'honneur d'avoir donné l'exemple de la modération et de la sagesse.

CHAPITRE II

Principe de droit naturel, la propriété.

Le système de Locke sur l'origine et les conditions de la société, sur les règles suprêmes de la législation et de la politique repose tout entier sur deux principes : l'un vrai, quoique insuffisant, l'autre entièrement chimérique et plein de dangereuses erreurs, sinon chez Locke lui-même, au moins chez ses disciples et ses imitateurs. Le principe vrai, c'est qu'il existe une loi naturelle supérieure à toute loi positive et qui repose tout entière sur l'idée de la liberté. Rappelons-nous, en effet, que, dans les idées du philosophe anglais, la liberté est plus sacrée et plus inviolable que la vie même, parce que celle-ci n'est qu'un instrument au service de la première et qu'elle est nécessairement précaire sans elle. Le principe chimérique de Locke, c'est que la loi naturelle est inséparable d'un état de nature qui aurait précédé la société et où les hommes auraient vécu réellement dans la pleine jouissance de leurs facultés et de leurs droits. Je laisserai de côté pendant quelque temps cette dernière idée pour ne m'occuper que de la première et des conséquences fécondes que Locke en a tirées. Je montrerai comment sur ce fondement unique que l'homme en général est une créature libre et qu'en cette qualité il n'est soumis qu'aux lois de sa raison, Locke a su élever toutes les institutions sociales, ou tous les degrés de la sociabilité humaine : la propriété, le mariage, l'autorité paternelle, ou plutôt la société des parents et des enfants, du maître et des serviteurs, et enfin la société politique.

Dans la plupart des systèmes que nous avons étudiés, si ce n'est dans tous, la communauté est représentée comme le droit naturel et la propriété, telle qu'elle doit être entendue avec un caractère privé et individuel, comme un état de dégradation, comme un châtiment infligé à l'homme à la suite du péché originel, ou comme une institution purement civile, c'est-à-dire comme une convention de la société. La première de ces deux opinions a été soutenue par saint Thomas, par Mariana et par Suarez, en un mot par la plupart des théologiens ; la seconde par les philosophes de l'antiquité et au xviie siècle par Grotius lui-même, comme elle le sera au xviiie par Montesquieu. Sans doute, Aristote a défendu contre Platon la cause de la propriété individuelle, mais, au nom de l'intérêt social, nullement au nom du droit, d'un droit naturel et inhérent à l'homme. Locke est peut-être le premier qui ait compris la propriété comme une conséquence nécessaire et tout à la fois comme une condition de la liberté, représentée elle-même comme la faculté distinctive de notre espèce et comme le premier de nos droits. En supposant, dit Locke, que tous les biens eussent été communs dans l'origine, il y en aurait encore un qui ne l'était pas et qui ne pouvait pas l'être, à savoir : notre corps, instrument direct de notre âme et partie intégrante de notre personne. Si nous avons la propriété légitime de notre corps, nous avons également celle de tout ce que notre corps peut produire, par conséquent de l'œuvre de nos mains. « Chacun, dit Locke, (ch. IV, 3) a un droit particulier sur sa propre personne, sur laquelle nul ne peut avoir aucune prétention. Tout ce qu'il a tiré de l'état de nature par sa peine et son industrie appartient à lui seul; car cette peine et cette industrie étant sa peine et son industrie propre, personne ne saurait avoir droit sur ce qui a été acquis par ce moyen. » En supposant que tous les biens eussent été communs dans l'origine, la terre et les fruits qu'elle porte spontanément, ainsi que le gibier qu'elle nourrit, il nous sera toujours impossible, poursuit Locke, d'expliquer la jouissance de ces biens autrement que par la prise de possession individuelle et par conséquent par la reconnaissance du droit de propriété. Un homme qui se nourrit de glands qu'il ramasse sous un chêne, ou de pommes qu'il cueille sur les arbres dans un bois, se les approprie certainement par là. Son travail distingue et sépare alors les fruits des autres bois qui sont communs (ch. IV, § 4). Ce que nous disons des fruits s'applique aussi au gibier. Aux yeux des sauvages même, la biche appartient au chasseur qui l'a tuée, le poisson pêché dans la mer, ce bien véritablement commun, appartient au pêcheur.

Soutiendra-t-on avec quelques philosophes et quelques publicistes, avec Grotius, par exemple, que le consentement commun est nécessaire à l'établissement de la propriété privée? S'il en était ainsi, répond Locke, chaque homme en particulier serait condamné à mourir de faim au milieu de l'abondance universelle, car la faim existe et la soif aussi, longtemps avant que le consentement commun ait pu se manifester.

Mais le droit de propriété, même quand on le conçoit sous cette forme primitive, ce n'est pas l'abus de la propriété ; il m'est permis de prendre dans le fonds commun ce qui peut servir à mes besoins, en le façonnant à mon usage par le travail : voilà le droit. Mais prendre ce qui excède mes besoins, soit présents soit à venir, et ce que je ne puis garder sans le corrompre ou le détruire, soustraire à l'usage des autres ce qui serait sans profit pour moi : voilà ce qui est défendu par la loi naturelle, voilà l'abus. Il serait difficile de ne pas accepter ce raisonnement pour les choses qui servent directement à notre consommation et qui n'appartiennent encore à personne, comme les fruits, le gibier et le poisson ; mais la terre elle-même peut-elle nous appartenir au même titre? Pouvons-nous en prendre possession au nom du même principe? Oui, nous répond Locke sans aucune hésitation. « Autant d'arpents de terre qu'un homme peut en labourer, semer, cultiver et dont il peut consommer les fruits pour son entretien, autant lui en appartient en propre. Par son travail, il rend ce bien son bien particulier et le distingue de ce qui est commun à tous. Mais on objectera, et cette objection a été faite bien souvent, que la terre est bien la propriété commune du genre humain, puisqu'elle est sa commune demeure et sa commune nourrice. » La terre, répond Locke, ne fait pas défaut aux hommes. Ce sont plutôt les hommes qui font défaut à la terre, puisqu'il y en a une grande partie : les neuf dixièmes, selon les calculs de nos jours, qui ne sont ni cultivés ni habités. Puis, loin que la propriété enlève quoi que ce soit au genre humain, c'est elle qui le nourrit ; car sans elle il n'y aurait ni travail ni culture, et les productions de la culture sont aux productions naturelles comme 100 : 1. C'est exactement ce qu'ont répondu les économistes de notre temps aux plus récents adversaires de la propriété, et telle est la faiblesse de la mémoire des hommes ou leur ingratitude que personne, dans ce débat mémorable, n'a prononcé le nom de Locke.

La propriété une fois établie sous ces deux principales formes : l'une mobilière et l'autre foncière, il est aisé à Locke de démontrer la légitimité et même la nécessité du commerce d'échange pour arriver enfin à la justification du capital, « l'infâme capital », comme on l'a appelé dans ces dernières années, soit qu'il consiste en valeurs naturelles ou en valeurs artificielles, c'est-à-dire en argent monnayé et en lettres de change. Mais au lieu de le suivre dans cette argumentation facile, nous allons aborder avec lui la question du mariage.

Locke comprend moins bien l'amour que la liberté et raisonne mieux qu'il ne sent. C'est-à-dire qu'il n'a pas une idée très élevée du mariage, sans qu'on puisse pourtant l'accuser sur ce point de licence ou d'erreur. Son opinion est plutôt incomplète que fausse, elle pèche plus par sécheresse que par une exagération quelconque. Il pense, tout prosaïquement, que la société conjugale a uniquement pour but la procréation des enfants, et comme cet acte principal emporte avec lui une obligation commune, librement contractée par chacun des époux au moment même du mariage, de veiller à la conservation et à l'éducation des nouveau-nés, le mari et la femme sont tenus de vivre ensemble, tant que leurs enfants ont besoin d'eux ; ils se doivent (ce sont les expressions mêmes de Locke) une complaisance et une assistance mutuelle, non pas tant dans leur propre intérêt, en vue de leur propre bonheur, que dans l'intérêt et pour le bonheur de leurs enfants. Il va même jusqu'à exprimer le désir qu'ils puissent s'aimer l'un l'autre, parce qu'un mutuel attachement pourra leur être utile dans l'accomplissement de leur tâche et servir au but positif du contrat (ch. vi, § 2). La même raison qui fait que le mariage doit durer aussi longtemps que les enfants ont besoin d'une tutelle exige aussi qu'il n'y ait qu'un seul homme uni à une seule femme. Si les animaux mêmes, ajoute Locke, et les plus féroces d'entre eux, les bêtes de proie, sont soumis à cette loi de la nature, combien à plus forte raison elle doit être respectée par l'homme, car il est bien plus nécessaire à sa femme et à ses enfants que la bête féroce à sa femelle et à ses petits.

Cette théorie n'est pas immorale. Elle n'a pas été imaginée comme certaines doctrines modernes pour émanciper les sens et justifier les passions. Mais quelle mutilation elle inflige à l'âme humaine! Combien elle froisse et méconnaît les sentiments les plus vifs et les plus purs de notre cœur! Non, la société conjugale n'existe pas seulement en vue des enfants à naître, elle a été aussi instituée pour le bonheur des époux et la conservation générale des mœurs de la société, elle a aussi son origine dans cette loi spirituelle qui porte deux créatures à la fois semblables et différentes, à se compléter l'une l'autre par la mutuelle donation d'elles-mêmes et par un dévouement sans bornes fondé sur la loi du devoir bien plus encore que sur la base mobile de l'imagination et de l'amour.

Si le mariage n'avait pas d'autre fin que celle que Locke lui propose, une fois sa fin accomplie, l'association serait sans but et pourrait se dissoudre par la volonté des époux. Locke ne recule pas devant cette conséquence de ses principes. « Il semble, dit-il, qu'il n'y a pas une absolue nécessité dans la nature des choses, ni eu égard à ses fins, que le contrat de mariage subsiste durant toute la vie. J'entends parler du mariage de ceux qui ne se sont soumis à aucune loi positive ordonnant que les contrats de mariage soient perpétuels. » Les restrictions que le philosophe anglais apporte à sa pensée ne sauraient être prises au sérieux, car puisqu'il s'agit ici de la loi naturelle, appelée à servir de modèle à toutes les lois positives, c'est sans exception que le contrat de mariage peut être résilié dès qu'il a produit son effet, et je ne vois pas même pourquoi le consentement des deux époux, ainsi que Locke le soutient, serait absolument nécessaire. Un engagement pris en vue d'un certain but cesse de plein droit quand ce but a été atteint : *Sublata causa, tollitur effectus.*

Locke est mieux inspiré quand il parle de l'autorité paternelle. D'abord il réclame contre cette expression même, parce que le droit ou plutôt le devoir qu'elle désigne n'appartient pas plus au père qu'à la mère : il est la propriété commune et indivise de tous les deux à la fois. « Honore ton père et ta mère; enfants, obéissez à vos pères et à vos mères : » tel est le langage de l'Écriture dans l'Ancien et le Nouveau Testament, et ce langage est plus conforme à la raison et à la nature que celui de certains légistes qui ne parlent que de l'autorité paternelle.

L'autorité des parents sur les enfants est

fondée, comme nous venons de le dire, sur un devoir, celui de les instruire et de les élever, de cultiver leur esprit et de régler leurs actions jusqu'à ce qu'ils soient en état de se conduire eux-mêmes : elle a donc sa source dans les besoins des enfants et ne dure aussi longtemps qu'elle est nécessaire ou utile. Elle est comparée par Locke, avec autant d'imagination que de raison, aux langes et aux premiers habillements de l'enfance qui, en même temps qu'ils la gênent, sont le soutien de sa faiblesse. Mais c'est pour cela même qu'elle doit avoir un terme, car les parents sont obligés d'élever leurs enfants « non comme leur propre ouvrage, dit Locke (ch. v, p. 5), mais comme l'ouvrage de leur créateur, comme l'ouvrage du Tout-Puissant, à qui ils doivent en rendre compte ». Voilà de belles paroles et qui renversent de fond en comble toutes les théories malsaines dont le but est de fonder le despotisme, et jusqu'à la hideuse institution de l'esclavage, sur l'autorité paternelle. Comment l'autorité paternelle pourrait-elle servir à justifier le pouvoir absolu ? D'abord elle est partagée par la mère à qui elle appartient au même titre qu'au père. Ensuite elle cesse de plein droit dès que l'enfant, devenu homme, entre en possession de la raison. La raison, qui est le fondement de la liberté chez les parents, n'aurait-elle pas les mêmes conséquences chez les enfants? Ce qui rend libre le père ne doit-il pas assurer la liberté du fils?

Puis l'autorité paternelle et l'autorité politique ont des fins complètement différentes. Chaque citoyen qui est père a autant de pouvoir sur ses enfants que le prince en a sur les siens, et, d'un autre côté, un prince qui a ses parents leur doit les mêmes honneurs et les mêmes respects que le dernier de ses sujets doit témoigner aux siens. L'autorité politique est instituée dans l'intérêt de la société, l'autorité paternelle dans l'intérêt de la famille, et nécessairement la société et la famille, loin de se détruire, sont nécessaires l'une à l'autre; il en est de même des deux autorités qui les protègent et les défendent.

L'émancipation des enfants dans l'âge de la raison ne les dispense pas des devoirs que leur imposent la nature et la reconnaissance, à savoir : un respect sans bornes, un dévouement toujours prêt à agir, un mélange de vénération et de tendresse qui fait ressembler le sentiment qu'ils nous inspirent au culte que nous rendons à

Dieu et qui porte avec raison le nom de piété filiale.

Locke n'a pas reconnu positivement l'égalité du patrimoine tel qu'il est consacré en général par la législation française, mais il en a reconnu le principe lorsqu'il dit que l'autorité paternelle est réglée et définie par les sentiments naturels des parents envers leurs enfants et surtout par les devoirs qu'ils ont à remplir envers eux. Ces devoirs étant les mêmes pour tous les enfants, les conséquences aussi doivent être les mêmes et le père doit s'occuper de leur avenir avec une égale sollicitude. Ce principe salutaire, condition d'amour et de justice dans la famille, Locke l'a reconnu encore sous une autre forme, au moment même où il réclame la liberté de tester. Un Anglais ne pouvait pas manquer de soutenir ce droit; mais la condition à laquelle Locke le soumet et les limites où il le renferme l'empêchent de dégénérer en spoliation et en iniquité. Il y a des héritages, dit-il (ch. v, 21), qui sont soumis à certaines charges et à certaines conditions de capacité : par exemple, dans un état aristocratique, l'exercice de certaines fonctions politiques et administratives ; ou bien dans un état fondé sur d'autres bases, la transmission d'une profession, d'un office, comme chez nous celui d'avoué, de notaire. « Il est naturel, ajoute le philosophe anglais, que de tels héritages ne soient transmis qu'à ceux qui en peuvent faire usage. » C'est admettre implicitement que lorsqu'il n'y a que des avantages dans l'héritage paternel, ils doivent appartenir à tous les enfants, sauf l'inégalité que peut introduire parmi eux la différence de leur conduite.

A la société des parents et des enfants vient se rattacher naturellement celle des maîtres et des serviteurs, sans pourtant que l'une, ainsi que le croyait Aristote, puisse jamais se confondre avec l'autre. La société du maître et des serviteurs est fondée sur un contrat entièrement libre des deux côtés. Le maître n'a de droit que sur les services et non sur la personne de ses serviteurs; ces services supposent des avantages que le serviteur a le droit d'exiger avec la même rigueur. Que l'une ou l'autre des deux parties manque à ses engagements, le contrat est rompu. C'est-à-dire, en d'autres termes, que l'esclavage est exclu de toutes les relations sociales et de toutes les lois, soit de la nature, soit de la société. Comprenons bien cependant la pensée de Locke. Il ne dit pas que l'esclavage ne puisse exister à aucun titre. Il l'admet non pas comme une conséquence, mais comme l'exercice même du droit de guerre. Maître d'un ennemi qui a attenté à mes jours ou à ma liberté, et que la force des armes a livré entre mes mains, je puis le laisser vivre pour le forcer à me servir. Mais « cet état n'est jamais, dit Locke, que l'état de guerre continué entre un légitime conquérant et un prisonnier (ch. III, § 4). » Or, l'état de guerre ne peut jamais prendre place parmi les institutions sociales; il serait absurde d'en faire un contrat, car un contrat est impossible entre deux personnes dont l'une n'a que des obligations et point de droits et l'autre que des droits sans obligations. L'esclave, même quand il le voudrait, ne pourrait souscrire à une telle convention, car il n'en a ni le droit ni le pouvoir. « Personne, dit Locke, dans un ouvrage moins déclamatoire mais avec une logique aussi irrésistible que celle de Rousseau, personne ne peut donner plus de pouvoir qu'il n'en a lui-même, et celui qui ne peut s'ôter la vie ne peut sans doute communiquer à un autre aucun droit sur elle » (ch. III, § 2). Ce qui est vrai de la vie l'est, à plus forte raison, de la liberté qui vaut mieux que la vie. L'esclave a donc toujours le droit de résister et de se soustraire, par tous les moyens dont il dispose, à sa misérable condition. Voilà l'abolition de l'esclavage proclamée par la philosophie bien longtemps avant de l'être par la législation, et nous ajouterons que les véritables caractères de cette institution n'ont été dévoilés par personne avec autant de sagacité que par l'auteur du *Traité du gouvernement civil.* Oui, l'esclavage, c'est bien l'état de guerre continué sans terme et sans fin, comme le prouve l'histoire des colonies américaines; comme le prouve, avant l'abolition, la situation des États-Unis; comme le prouve l'histoire du servage et de la féodalité au moyen âge. La guerre des paysans n'en est qu'un incident, aussi bien que le soulèvement et le massacre de Saint-Domingue. Nous ne pouvons nous empêcher de faire, en terminant, un rapprochement qui a dû sans doute se présenter déjà à bien des esprits. Quelques-uns des plus grands écrivains du moyen âge, saint Thomas-d'Aquin, Gilles de Rome, et avant eux saint Augustin lui-même, ont justifié l'esclavage, non seulement par des raisons empruntées à l'ordre surnaturel, c'est-à-dire au péché de nos premiers parents, mais par le prétendu droit de la victoire et de la conquête qui n'est que la négation du droit et l'apologie de la force, et voici un philosophe du xviiie siècle, un des plus décriés de cette époque décriée elle-même entre toutes, qui défend avec une logique irrésistible la cause de la justice, de l'humanité. C'est une nouvelle preuve à ajouter à tant d'autres qu'il ne faut juger ni les hommes ni leur temps sur leur réputation, et qu'il est tout aussi périlleux de juger de la morale d'un philosophe d'après sa métaphysique.

On voit sans peine quel est le principe commun de toutes les doctrines dont nous venons de prendre connaissance et où elles tendent. Leur principe commun, c'est l'idée de la liberté, inséparable elle-même de l'autorité de la raison et de l'idée du devoir. L'idée de la liberté sert de base à la propriété, elle sert de base au mariage, elle est la limite et la règle de l'autorité paternelle, elle anéantit l'esclavage et gouverne les rapports du maître et des serviteurs. C'est donc elle aussi qui doit être l'unique fondement de la liberté politique.

CHAPITRE III

Le gouvernement civil.

On n'imagine pas un contraste plus parfait que celui qui existe entre les idées de Hobbes et celles de Locke sur le principe et sur le but de la société civile ; et cependant peu s'en faut que ces deux grands hommes ne soient confondus dans une réprobation commune par la plupart des historiens de la philosophie. C'est que l'un est un logicien intrépide qui, engagé dans un système déplorable, en accepte les dernières conséquences ; tandis que l'autre en abaissant l'intelligence humaine dans son origine, n'oublie pas un instant le respect qui est dû à l'âme humaine et corrige, sous les inspirations d'une conscience droite et fière, les erreurs où l'a entraîné une fausse analyse. Le premier est plutôt un grand esprit et un esprit hardi ; le second, un esprit fin et un noble cœur.

Selon l'auteur du *Léviathan*, la société ne peut s'élever que sur les débris de la liberté et sur la base du despotisme; car elle résulte d'un contrat par lequel tous remettent entre les mains d'un seul, à la condition de les défendre les uns contre les autres, la totalité de leurs droits et l'usage de leurs forces. D'après l'auteur du *Traité du Gouvernement civil*, la liberté menacée et incomplète dans l'état de nature, est le but unique de la société civile. Dans l'état de nature, en effet, en supposant qu'il existe, chacun est à la fois le juge et le vengeur de sa propre cause; et comme il n'y a pas de condition plus fatale à la vérité et à la justice; comme nous tenons volontiers pour légitime ce qui flatte nos désirs et ce que nous espérons obtenir par la supériorité de nos forces, on a pensé que ce double droit serait mieux placé entre les mains de tous ou de quelques-uns qui l'exerceraient au nom de tous, et cette pensée, mise en pratique, n'est pas autre chose que la fondation de la société. (Ch. vi, § 11 et suivants.)

De cette définition Locke sait tirer à l'instant plusieurs conséquences très importantes. La première, c'est que la société est établie pour garantir à tous ses membres la jouissance des mêmes droits et des mêmes avantages que chacun de nous, par la loi naturelle, c'est-à-dire par la raison et par la justice, est appelé à défendre dans l'état de nature. Et quels sont ces droits? quels sont ces avantages? La vie, la liberté, la propriété ; ce qui comprend implicitement les droits de la famille. Toute société, par conséquent, tous les pouvoirs qui agissent en leur nom et sur lesquels elle repose ont pour premier devoir et même, dans la pensée de Locke, pour unique devoir de veiller à la conservation de la liberté, de la propriété et de la vie de chacun de ses membres. Toute société, toute autorité publique qui manque à cette obligation, perd tous ses droits et n'a plus aucune raison d'exister.

De là, immédiatement, une autre conséquence tellement liée à la première, qu'on pourrait la confondre avec elle. Si la société et, par conséquent, les pouvoirs qui la représentent n'ont pas d'autre but que celui qu'on vient de désigner, la monarchie absolue, loin d'être le seul gouvernement légitime, comme quelques-uns l'ont affirmé, ne mérite pas même le nom de gouvernement, parce que le gouvernement d'une société, c'est la forme sous laquelle elle existe, et la monarchie absolue est si peu la seule forme de la société à laquelle soit la raison, soit la religion, puissent donner leur assentiment, qu'elle est, au contraire le renversement de l'ordre social au profit d'un état pire que l'état de nature. En effet, dans celui-ci, un homme n'a jamais au service de ses passions que ses forces individuelles ; tandis que, dans un état despotique, c'est un peuple tout entier qui est laissé à la discrétion d'un seul, armé d'un pouvoir formidable et aveuglé par la flatterie.

Locke a tort de dire que l'état de nature tel que nous pouvons le concevoir, c'est-à-dire la destruction de toute société, la monarchie universelle, est un état préférable au despotisme ; car le despotisme lui-même est obligé de se soumettre à des conditions sans lesquelles il ne peut exister et qui sont en même temps une protection pour les peuples asservis à leur empire. Mais il a parfaitement raison quand il convient que la société n'est constituée sur sa légitime base et qu'elle n'atteint la fin morale de son existence que lorsqu'elle veille à la défense de la liberté aussi bien qu'à la défense de la vie et de la propriété ; c'est-à-dire quand l'autorité elle-même est instituée dans l'intérêt de la liberté.

Mais quoi! est-ce qu'il n'y a pas, comme le prétendent les partisans du droit divin, est-ce qu'il n'y a pas dans l'exercice même du souverain pouvoir affranchi de toute contrainte et de toute limite, comme une marque de son origine surnaturelle et comme une mystérieuse influence capable de transformer les âmes et de les élever à la hauteur d'une telle mission? A cette mystique apologie du despotisme, Locke répond avec une ironie amère : « Si quelqu'un s'imagine que le pouvoir absolu purifie le sang des hommes et élève la nature humaine, il n'a qu'à lire l'histoire de ce siècle ou de quelque autre (c'était le siècle de Charles II et de Jacques II) pour être convaincu du contraire. Un homme qui, dans les déserts de l'Amérique, serait insolent et dangereux, ne deviendrait sans doute pas meilleur sur le trône, lorsque le devoir et la religion seraient employés pour justifier tout ce qu'il ferait à ses sujets, et que l'épée et le glaive imposeraient d'abord la nécessité du silence à ceux qui oseraient y trouver à redire » (ch. vi, § 16).

La haine de Locke pour la monarchie absolue n'éclate pas moins dans cet autre passage destiné à montrer qu'on ne doit aucune reconnaissance au despote pour l'ordre qu'il fait régner dans ses États. « Il ne se pratique rien en cela que ce que ceux qui aiment leur pouvoir, leur profit et leur agrandissement, peuvent et doivent naturellement laisser pratiquer, qui est d'empêcher que ces animaux dont le travail et le service sont destinés aux plaisirs de leurs maîtres et à leur avantage, ne se fassent du mal les uns aux autres et ne se détruisent » (*ubi supra*, § 17). Cela peut être vrai; mais alors il faut admettre, comme l'ont voulu tous les publicistes de l'antiquité et des temps modernes, Platon, Aristote, Machiavel et Montesquieu, que le despotisme est véritablement une forme de la société et doit être préféré, dans tous les cas, à la dissolution de l'ordre social.

La seconde conséquence que Locke a fait sortir de sa définition de la société civile, n'est donc vraie qu'avec la restriction que nous y avons apportée et qu'il est obligé, par la force de l'évidence, de reconnaître lui-même. En voici une troisième, qui n'a pas moins d'importance que les deux précédentes.

Dans l'état de nature, avons-nous dit, chacun a le droit d'être juge et vengeur de sa propre cause. C'est ce double droit que nous abdiquons entre les mains de la société, quand nous voulons que la société existe. A la société est donc confiée une double tâche qui doit être exercée en son nom par une double autorité ou par deux pouvoirs distincts : l'un qui déclare publiquement jusqu'où s'étendent les droits de chacun et quelle peine attend celui qui les viole ; l'autre qui applique la peine et fait mettre la déclaration en pratique. Le premier s'appelle le pouvoir législatif, et le second le pouvoir exécutif. Par une contradiction étrange, après avoir réclamé pour la société le jugement de toutes les affaires particulières, Locke ne fait aucune mention du pouvoir judiciaire. Il le considère apparemment comme un simple auxiliaire soit du pouvoir exécutif soit du pouvoir législatif, tandis qu'il n'est ni l'un ni l'autre et doit rester indépendant de tous deux. Montesquieu n'a pas commis cette faute, peut-être parce qu'il vivait dans un pays où les cours de justice ont toujours tenu une très grande place et ont été pour un temps la seule garantie des citoyens, l'unique foyer de la vie publique.

En revanche, Montesquieu a pu apprendre de Locke quelles sont les attributions et les rapports mutuels du pouvoir législatif et du pouvoir exécutif. D'abord ces deux pouvoirs, émanés tous deux de la société, investis de ses droits, et établis par son consentement, doivent être distincts l'un de l'autre parce qu'il faut que celui qui fait les lois, les fasse dans l'intérêt de tous, et pour cela il faut qu'il soit placé dans la position de tous, c'est-à-dire que son intérêt propre doit se confondre avec l'intérêt général. Or, cette condition ne peut être remplie que si le pouvoir législatif est nommé librement par l'universalité ou tout au moins par la majorité des citoyens, et si ceux qui l'exercent sont destinés pour la plupart à rentrer dans la vie privée (ch. xi). Le pouvoir législatif est le véritable souverain d'un pays ; car le souverain est celui qui fait la loi et qui vote l'impôt. Par conséquent le pouvoir exécutif lui est nécessairement subordonné ; car il n'est institué que pour prêter force à la loi et la traduire en action. C'est de la loi qu'il tient tous ses pouvoirs et tous ses droits, et dès qu'il la méconnaît ou qu'il se met en révolte contre elle, il déchire tous ses titres et, malgré le serment qu'on lui a prêté et qui n'est qu'un serment prêté à la loi, il donne à la société, c'est-à-dire au pouvoir législatif, le droit de le déposer et à la masse des citoyens le droit de lui résister par la force.

Si Locke s'était arrêté là, il appartiendrait uniquement à l'école démocratique et républicaine ; il serait l'apologiste exclusif d'une forme de gouvernement qui a toujours été moins favorable à la liberté qu'aux révolutions et aux coups d'État et qui ne peut réussir que chez un peuple jeune et isolé, préservé par sa situation géographique de toutes les entreprises extérieures. Mais Locke a des vues plus larges et plus saines. Après avoir fait la part des mandataires du peuple ou de l'élection, il fait aussi celle du mandataire de la loi et du soutien de l'ordre public, c'est-à-dire du pouvoir exécutif. Il comprend que les plus belles lois du monde ne serviraient à rien sans un pouvoir durable organisé, respecté, qui a la force et l'autorité nécessaires, pour les faire exécuter. Il comprend qu'un tel pouvoir serait lui-même une chimère, s'il ne participait au pouvoir législatif, afin qu'aucune loi ne puisse être faite qui tende à l'annihiler, à l'avilir ou à le placer dans l'alternative de l'impuissance ou de la révolte. Mais ce ne sont pas seulement les mauvaises lois qui produisent cet effet ; le même résultat peut être à craindre, si l'on voit constamment à côté de lui le pouvoir législatif, comme s'il était chargé de le régenter, de le surveiller et de le tenir en tutelle. Il faut donc que les mandataires du peuple ne soient pas réunis trop longtemps et trop souvent. « Des assemblées du pouvoir législatif perpétuelles, dit Locke, fréquentes, longues, sans nécessité, ne pourraient qu'être à charge au peuple et produire avec le temps des inconvénients dangereux (ch. xii, § 8).

Ce n'est pas encore tout. C'est au pouvoir exécutif que Locke donne le gouvernement de toutes les relations extérieures, c'est-à-dire le droit de déclarer la guerre, de faire la paix, de conclure des alliances et des traités de commerce, bien entendu sous la condition que si une augmentation d'impôts est nécessaire à l'exécution de ses desseins, ces impôts seront toujours votés par les représentants de la nation (ch. xv).

Locke demande pour le pouvoir exécutif bien plus encore. Il demande qu'on lui reconnaisse la prérogative, c'est-à-dire la faculté de pourvoir par lui-même à des nécessités imprévues et qui réclament une détermination immédiate. Voici, du reste en quels termes il définit lui-même cette faculté extraordinaire et extra-légale : « Le pouvoir d'agir avec discrétion pour le bien public lorsque les lois n'ont rien prescrit pour certains cas qui se présentent, ou quand même elles auraient prescrit ce qui doit être pratiqué en ces sortes de cas, mais qu'on ne saurait pratiquer dans certaines conjonctures sans nuire fort à l'État; ce pouvoir est ce qu'on appelle la *Prérogative* » (ch. xiii, § 2). Ainsi entendue, la prérogative du pouvoir exécutif est facile à défendre; car elle n'est que le droit qu'a la société elle-même de se sauver quand elle est menacée de périr par l'imprévoyance et le silence de la loi. Vaut-il mieux renoncer à ce droit suprême que courir les dangers que présente tout pouvoir discrétionnaire ? Locke ne le pense pas, et il a raison. D'ailleurs ce pouvoir, comme il le fait remarquer, est chargé d'une responsabilité terrible. Celui qui en abuse s'expose à la colère de tout un peuple à moins que ce peuple ne soit pas mûr pour un gouvernement libre.

Pourvu que la société, restant fidèle à son principe, assure à chacun de ses membres la plus grande somme de liberté qui soit compatible avec la sécurité de tous, peu importe à Locke que sa forme politique soit monarchique ou républicaine. Mais quand il admet la monarchie, ce n'est qu'avec des garanties constitutionnelles et sous la condition suprême, que si la personne du prince est reconnue par les lois comme sacrée et inviolable, il soit permis quand il donne des ordres injustes de résister à ses ministres et à ses officiers. Le résultat qu'on obtient alors est absolument le même et offre moins de dangers que si l'on s'attaquait aux bases du pouvoir. Les lois sont mises à l'abri de la violence et le roi, en restant sur son trône, conserve son autorité ; car ainsi que Locke le dit avec raison « il ne saurait y avoir d'autorité contre les lois » (ch. XVII, § 8).

C'est dire que dans le cas même où le chef du pouvoir ne serait pas inviolable, il ne faut lui résister par la force que lorsque lui-même a foulé aux pieds toutes les lois et n'a laissé au pays d'autre ressource pour défendre les libertés et la constitution que cette mesure extrême et désespérée. Mais tant que l'appel aux lois et aux autorités constituées laisse une porte ouverte à l'espérance c'est aux lois qu'il faut recourir, ce sont les voies légales qu'il faut défendre jusqu'à la dernière. L'illusion est-elle devenue impossible et le pouvoir est-il déjà entré dans la carrière de l'arbitraire et de la violence, il faut attendre qu'il ait commis un de ces attentats qui menacent le peuple tout entier et qui donnent à tous la persuasion « que leurs lois, leurs biens, leurs libertés, leurs vies sont en danger et peut-être même leur religion » (ch. XVII, § 11). Alors l'insurrection n'est pas seulement légitime mais nécessaire, car le pouvoir, au lieu de défendre la société est en guerre ouverte avec elle et menace de la détruire ; car la société a cessé d'exister, dès qu'elle ne repose plus que sur la force et qu'au lieu d'obéir à des lois, elle est livrée à la volonté arbitrale d'un homme *(ubi supra)*.

Aux traits sous lesquels Locke nous représente le pouvoir tyrannique et usurpateur dont il est toujours permis à une nation de se délivrer il est facile de reconnaître Jacques II et la révolution de 1688, accomplie presqu'au moment où il écrivit son *Traité du gouvernement civil*. Mais on aurait tort de lui supposer des idées égoïstes et étroites comme celles qu'on rencontre chez un grand nombre de ses concitoyens. Le droit qu'il reconnaît à l'Angleterre, il l'attribue libéralement à tout autre peuple placé dans la même position et les mêmes arguments qu'il invoque contre le despotisme, quand il se fonde sur l'usurpation, il les fait valoir contre lui, quand il repose sur la conquête. C'est ainsi qu'il arrive près d'un siècle et demi avant la bataille de Navarin, à appeler à l'indépendance et à la liberté les Grecs opprimés sous le joug musulman. « Eh! qui doute, s'écrie-t-il, que les chrétiens de la Grèce, qui sont descendus des anciens possesseurs de ce pays, aujourd'hui placé sous la domination du Grand Seigneur, ne pussent justement, s'ils avaient assez de force pour cela, secouer le joug des Turcs sous lequel ils gémissent depuis si longtemps? » (ch. xv § 18)

Malheureusement les doctrines si généreuses à la fois et si sensées, modérées parce qu'elles sont vraiment libérales, sont profondément ébranlées par le second principe de Locke, par l'hypothèse chimérique d'un état de nature antérieur à la société, et d'un contrat qui aurait substitué librement la seconde au premier. Cette opinion, qu'il semble avoir acceptée sans examen des mains de Hobbes, comme Hobbes lui-même l'avait reçue de Mariana et de Suarez, l'auteur du *Traité du Gouvernement civil* ne se contente pas de l'exprimer d'une manière fugitive et accidentelle. Il s'y arrête avec complaisance, et la développe avec étendue; il s'en sert pour expliquer l'origine de tous les États qui existent ou qui ont existé, des monarchies aussi bien que des républiques, des monarchies absolues aussi bien que des monarchies tempérées ou électives (ch. vii). Il est donc véritablement responsable des conséquences qu'une logique rigoureuse en peut faire sortir.

Or, si la société, au lieu d'être l'état naturel de l'homme et le seul qui réponde à la loi naturelle, par conséquent le seul qui nous soit imposé par nos propres désirs et par le droit des autres, n'est que le résultat d'une convention ou d'un contrat réciproque, qui ne s'aperçoit qu'elle n'est pas soumise à d'autres conditions, à d'autres lois qu'à celles qui ont été stipulées dans le contrat ! Dès lors pourquoi soutenir qu'elle a pour unique fondement la liberté, qu'elle a pour unique but la protection de l'innocent et le châtiment du coupable, la défense de chacun de ses membres dans sa vie, dans sa personne et dans ses biens. La société, si telle était la volonté de ceux qui en rédigent le premier code, ne pourrait-elle pas d'une manière aussi légitime prendre pour base l'autorité absolue ? Locke paraît lui-même se ranger pour un instant de cet avis quand il soutient, comme je viens de le dire, que les premières monarchies, et de toutes les plus absolues, les monarchies militaires ont été établies par le libre consentement de ceux qui les ont subies pour la première fois. Il n'est pas nécessaire, pour donner quelque poids à cette supposition, de remonter jusqu'à l'origine du genre humain. Il y a des moments dans leur histoire où les nations, lasses de porter le poids de leurs destinées et comme épuisées de leurs propres excès, aiment mieux le despotisme, même un despotisme étranger, que la liberté. Si ces nations ont raison, alors que devient tout le droit politique de Locke et si elles ont tort, elles ne sont donc pas libres de faire ce qu'elles jugent convenable à leurs intérêts et la société ne repose pas uniquement sur un contrat ?

Si la société reposait uniquement sur un contrat, ses lois ne seraient obligatoires que pour ceux qui ont signé à ce contrat, et non pour les autres. De quel droit alors la majorité ferait-elle subir sa volonté à la minorité ? Est-ce au nom de la force dont la majorité dispose ? Dans ce cas, c'est la force qui décide des choses humaines et non plus le droit. Si la force est du côté d'un seul ou de quelques-uns, la souveraineté leur appartient. Mais si l'hypothèse que nous combattons était vraie, ce n'est pas seulement la minorité qui échapperait à toute contrainte et à toute obligation, la majorité elle-même serait dissoute de droit et la société en question à chaque génération nouvelle ; car un contrat, si irréprochable qu'on le suppose dans sa forme, n'oblige que nous-mêmes ; il ne peut pas faire loi pour nos enfants et nos petits-enfants. La société est donc un fait physiquement et moralement nécessaire. Elle a toujours existé et existera toujours. Elle n'a pas été précédée par l'état de nature et n'a pas commencé par un contrat. L'idée même d'un tel contrat est absolument incompatible avec l'ordre social.

Une autre erreur qu'on peut reprocher à Locke et qui lui est commune avec un grand nombre de publicistes anglais, c'est le caractère tout négatif de sa politique. Il ne suffit pas que la société empêche le mal, il faut aussi que, sans franchir les limites de son droit, elle aide à l'accomplissement du bien. Ce n'est pas assez qu'elle défende ma vie, ma propriété, ma liberté; il est aussi de son devoir de m'apprendre à faire bon usage de ces biens et il est digne de sa charité de venir au secours de ceux qui souffrent par la faute de la nature ou de la fortune. Il faut qu'elle distribue d'une main libérale le pain de l'âme et de l'intelligence, le double bienfait de l'instruction et de l'éducation, en même temps qu'elle ouvre un asile à la souffrance incurable et qu'elle offre un appui à la faiblesse. Il faut enfin qu'elle donne l'exemple de tout ce qui est grand, de tout ce qui est beau, de tout ce qui fait l'honneur, non seulement d'un pays, mais de la nature humaine, et qu'elle ne craigne pas de fonder, au prix de sacrifices communs, ce qui est nécessaire à la conservation, à la dignité et au bien-être commun. Pas une de ces obligations ne la dispense de celle qui les domine toutes, c'est-à-dire du de-

voir de défendre la liberté, la vie et la propriété
de chacun de ses membres. Mais pas une non
plus qui ne soit nécessaire à l'accomplissement
de ce devoir suprême. Qu'elle laisse le champ
libre à l'ignorance, au vice, à la corruption, à la
misère, elle se verra bientôt réduite à l'impuissance et menacée d'une dissolution prochaine. Il
y a ici deux excès à éviter : celui de trop gouverner et celui de ne pas la gouverner assez.
L'un menace la société dans sa liberté et dans
sa dignité ; l'autre dans sa gloire, dans son honneur et dans son existence même. Le premier
est celui de la race latine et l'autre la race
anglo-saxonne. Ils peuvent être corrigés tous deux
par le caractère des hommes et par les mœurs
des peuples ; mais il vaut mieux n'y pas tomber,
et l'influence du sang n'est pas tellement puissante, qu'elle ne soit vaincue à la fois par l'expérience et par la raison. .

CHAPITRE IV

La liberté religieuse.

Nous connaîtrions d'une manière très incomplète la doctrine de Locke sur les fondements naturels du droit civil et du droit politique, si, après avoir exposé ses vues sur l'État et sur la Société pris en général, nous ne l'interrogions aussi sur les rapports de l'État et de la Religion, ou de la société temporelle et de la société spirituelle. Cette grande question, quand le sol de l'Angleterre et de toute l'Europe était encore ensanglanté par les guerres de religion, et à la veille d'une révolution, celle de 1688, qui n'était pas moins religieuse que politique, ne pouvait pas manquer d'occuper un esprit aussi élevé et aussi généreux que l'auteur du *Traité du Gouvernement civil*. Il l'a traitée, en effet, dans un de ses écrits les plus dignes de son âme et de son génie, dans sa *Lettre sur la tolérance*, rédigée en latin en 1687, pendant qu'il était exilé en Hollande, et adressée à un de ses amis, le théologien Arminius Philippe van Limborch, persécuté comme lui-même pour l'indépendance de ses opinions et son amour de la liberté.

Cette lettre de Locke donne beaucoup plus que son titre ne promet. Ce n'est pas simplement la tolérance qu'elle défend, mais quelque chose de bien plus grand et de plus précieux même que la liberté de conscience, et que personne avant lui n'avait encore songé à demander : je veux parler de la liberté religieuse. La liberté religieuse, la liberté de conscience et la simple tolérance ne doivent pas être confondues entre elles; ce ne sont pas trois noms différents d'une même chose : ce sont réellement trois choses différentes, mais tellement liées entre elles par la faiblesse et l'orgueil des hommes, que la troisième paraît être comme un degré nécessaire à franchir pour arriver à la seconde, et la seconde pour arriver à la première. La tolérance n'est pas un droit, mais simplement un fait, et un fait négatif, l'absence de la persécution. La persécution cesse pour deux raisons : ou par humanité ou par impuissance; parce que la pitié l'emporte sur les exigences, les habitudes, les droits officiellement reconnus d'une foi mal éclairée, mais toujours plus forte; ou parce que la victime, lasse de souffrir, a pris les armes pour se défendre et tenant en respect ses persécuteurs, les oblige à traiter avec elle. C'est ainsi que la tolérance est entrée dans le monde après la paix d'Augsbourg. C'est, au contraire, au nom de l'humanité et de la pitié qu'elle a été réclamée, dès le temps de la Ligue, par Lhôpital et par Bodin, ensuite par tous les philosophes du xviiie siècle et particulièrement par Voltaire. « J'adore, disait ce dernier, — j'adore la tolérance; — c'est ma sainte de préférence. » Dans l'un et l'autre cas, la tolérance n'est qu'une concession limitée dans son objet, limitée quant aux personnes, limitée dans le temps. Que la nécessité ou la pitié qui lui ont donné naissance viennent à cesser, elle disparaît aussitôt pour laisser le champ libre a l'oppression; et ce qu'il y a de pis, l'oppression alors paraît être le droit.

La liberté de conscience est une conquête d'un ordre plus élevé et plus conforme à la dignité humaine. Elle nous représente, non plus un fait, mais un droit, un droit naturel, c'est-à-dire universel et imprescriptible, celui qui appartient à toute créature humaine de ne pas manifester extérieurement, soit en paroles, soit en action, une autre foi, d'autres croyances que celles qui sont dans son cœur et de vivre en sécurité au milieu de ses semblables, de partager tous les avantages de la société sans être obligé de rendre compte de ce qui se passe dans le for intérieur de sa pensée. Mais la liberté de conscience n'est pas encore le droit de manifester hautement et publiquement ce qu'on croit, et encore bien moins de se réunir, de se former en assemblée, en communion, en église, pour rendre sensible, à l'aide d'un symbole commun ou d'un culte public, ce qu'on croit être la vérité en matière de foi. Ce dernier degré de liberté constitue la liberté religieuse. La liberté religieuse est un droit positif: le droit de confesser soit seul, soit en commun, ce qu'on croit être la vérité. La liberté de conscience est un droit négatif : celui de ne pas confesser ce qu'on ne croit pas être la vérité, et de rester même étranger à toute communion. La législation de la France admet sans réserve la dernière de ces libertés; car elle ne demande compte aux citoyens que de leurs actions, jamais de leurs croyances. Mais elle ne consacre la seconde que dans certaines limites assez restreintes, qui cependant paraissent offrir encore un champ immense, comparées à l'intolérance des pays voisins. Ce qu'on appelle en France la liberté des cultes n'existe qu'au profit de quatre communions privilégiées : le catholicisme, la confession d'Augsbourg, l'Église réformée ou calviniste et le culte israélite. Encore faut-il que chacune de ces communions accueille, dans son organisation extérieure et surtout dans le choix de ses ministres, l'intervention, le concours et la haute main de l'État. L'Église catholique est soumise au concordat et les trois autres à des lois ou à des décrets particuliers qui peuvent changer suivant les circonstances qui les ont fait naître. Ce concert de l'autorité religieuse et de l'autorité civile s'explique et se justifie par les considérations que les différents cultes reconnus en France ne sont pas seulement libres d'exister, mais qu'ils sont protégés et subventionnés par l'État. Eh bien! ce que Locke demande dans sa lettre à Philippe de Limborch, c'est la liberté religieuse sans protection ni subvention, mais aussi sans autre limite que celle qui est nécessaire à l'ordre public, à la sécurité matérielle de la société, la liberté religieuse enfin, telle qu'elle existe aujourd'hui dans l'Amérique du Nord, et dont l'idée même ne s'était présentée à l'esprit d'aucun publiciste ni d'aucun philosophe, quand Locke s'est déclaré son défenseur.

Il commence par faire le procès de l'intolérance, parce que là est la source directe ou indirecte de tous les obstacles que rencontre la liberté religieuse. L'intolérance est condamnée à la fois par la religion et par la raison, par le christianisme et par la philosophie. Elle est condamnée par le christianisme : car le premier précepte de l'Évangile c'est la charité, et rien n'est plus contraire à la charité que la violence et les persécutions employées contre ceux qui ne partagent pas notre croyance, qui appartiennent à une autre communion que celle que nous suivons nous-mêmes. « Si l'on peut compter, dit Locke[1],

1. *Œuvres de Locke*, édition Thurot, t. VII, p. 143.

sur ce que l'Évangile et les apôtres nous disent, l'on ne saurait être chrétien sans la charité et sans cette foi qui agit par la charité et non point par le fer et par le feu. Or, j'en appelle ici à la conscience de ceux qui persécutent, qui tourmentent, qui ruinent et qui tuent les autres sous prétexte de religion, et je leur demande s'ils les traitent de cette manière par un principe d'amitié et de tendresse. »

Jésus-Christ lui-même, en n'employant que la parole pour la conversion des hommes, a donné à ses disciples l'exemple et le précepte de la tolérance : « car si les infidèles, dit Locke, devaient être convertis par la force, si les aveugles et les obstinés devaient être amenés à la vérité par des armées de soldats, il lui était beaucoup plus facile d'en venir à bout avec des légions célestes, qu'aucun des fils de l'Église, quelque puissant qu'il soit, avec tous ses dragons [1]. » On suppose que ces derniers mots sont une allusion à la conduite de Louis XIV dans les Cévennes.

Quel est d'ailleurs, sans franchir le cercle des convictions religieuses, le titre qu'invoquent les

---

1. *Œuvres de Locke*, édition Thurot, t. VII, p. 147.

persécuteurs contre leurs victimes? La vérité à
défendre, la cause de Dieu à venger. Mais ceux
que vous poursuivez sont comme vous dans la
persuasion que Dieu et la vérité sont avec eux.
La foi ardente qui vous dévore brûle également
au fond de leurs âmes. « L'on ne saura donc
qu'au dernier jour, lorsque la cause de la séparation qui est entre les chrétiens viendra à être
jugée, lequel des partis opposés a eu raison dans
ces disputes, et lequel d'eux a été coupable de
schisme ou d'hérésie; si c'est le parti dominant
ou celui qui souffre[1]. »

Contraire au sentiment de la foi et aux préceptes de la charité évangélique, l'intolérance
n'est pas moins contraire aux lumières de la raison. La raison, en effet, nous apprend qu'une
croyance ne s'impose point par la force, que la
foi vient de la persuasion et non de la contrainte.
La raison nous apprend que la persécution et la
violence n'ont pas plus de pouvoir pour détruire
une croyance, une fois qu'elle est entrée dans les
âmes, que pour la faire accepter de ceux qui la
repoussent. Enfin la raison nous apprend que la

---

1. *OEuvres de Locke*, édition Thurot, t. VII, p. 145.

persécution et la violence peuvent être mises aussi bien au service de l'erreur qu'au service de la vérité et que, dans l'un et l'autre cas, elles ne changent rien aux convictions de ceux qui cèdent à de tels moyens.

L'intolérance une fois écartée, les arguments de Locke ne laissent plus d'autre choix que celui de la liberté religieuse. L'intolérance, considérée dans ses effets extérieurs ou dans la forme sous laquelle elle se manifeste dans la société, c'est l'autorité publique, c'est la loi et le pouvoir civil, en un mot c'est l'État intervenant dans les affaires de la foi en prescrivant, non seulement ce qu'il faut faire et ce qu'il faut éviter pour accomplir ses devoirs et jouir de ses droits de citoyen, mais ce qu'il faut croire pour être un digne membre de l'Église et conserver son âme au bonheur d'une autre vie. Or, l'État a-t-il ce droit? Est-ce pour cela qu'il existe? Est-ce là qu'est sa tâche? Non, répond Locke, et voici par quelles preuves il justifie sa proposition.

« L'État, ou la société civile, n'est institué que dans un but qui ne dépasse pas ce monde de la société elle-même. Sa mission est de protéger la vie, la propriété et la liberté de chacun de ses membres et, par conséquent, de veiller à sa propre existence, à sa propre sécurité sans laquelle le but qu'elle se propose est irréalisable. Ses droits, par conséquent ceux du gouvernement qui agit et ceux de la loi qui parle en son nom, ne s'étendent pas plus loin qu'à faire et à prescrire ce qui est nécessaire ou utile à la conservation de ces biens. Ceux qui tentent de les détruire ou de les réserver pour leur seul usage, ceux qui menacent leurs concitoyens dans leur vie, dans leurs biens, dans leur liberté, ou qui troublent la sécurité de la société tout entière : voilà aux yeux de l'État, aux yeux du gouvernement et de la loi civile, les seuls coupables, les seuls que les châtiments puissent atteindre. »

La religion, et par conséquent les sociétés religieuses, les communions, les Églises ont un but tout différent. « Une Église, selon la définition de Locke, est une réunion d'hommes assemblés volontairement pour servir Dieu en public et lui rendre le culte qu'ils jugent lui être agréable et dont ils attendent leur propre salut[1]. » Elle s'occupe donc uniquement des intérêts de la loi

---

1. *Ubi supra*, p 155.

et de la vie future, comme l'État des intérêts de l'ordre et de la vie présente. Toutes les lois qu'elle proclame, tous les statuts qui la gouvernent doivent donc avoir un caractère spirituel. Les ambitions et les luttes de la vie civile doivent lui être aussi étrangères que celles de la vie spirituelle à une société purement temporelle et politique. Elle doit surtout bannir de son sein l'emploi de la force : « car la force appartient au magistrat et est nécessaire à la défense des biens extérieurs de la société. Les seules peines qu'elle puisse infliger à ceux qui méprisent ses dogmes ou qui violent ses prescriptions, ce sont des peines spirituelles dont la plus grande est l'excommunication. Une fois qu'elle a désavoué et repoussé loin d'elle ceux qu'elle juge indignes de son appui et de ses bienfaits, son pouvoir est épuisé. »

La conséquence qui sort immédiatement de ces principes, c'est que toutes les Églises qui respectent les lois de l'État, je veux dire les conditions dont dépend son existence et l'accomplissement de sa tâche envers les citoyens, ont droit de trouver place dans son sein, ou que l'État ne doit interdire à un culte, à une religion que les mêmes actes qu'il jugerait coupables dans un homme isolé, les mêmes actes qu'il jugerait contraires soit à sa propre sécurité, soit à la liberté, à la vie et à la propriété de chacun de ses membres en particulier. Tout ce qui est impur, tout ce qui est infâme, à plus forte raison ce qui est violent et cruel, les sacrifices sanglants de Moloch ou le culte impudique de Mylitha, devraient donc être proscrits par ses lois et rigoureusement bannis de son sein, mais comme des œuvres contraires à l'ordre public et à la morale universelle, non comme des actions condamnées par la vraie religion. Il faut que la tolérance de l'État en matière de croyance ou que la liberté religieuse s'étende jusqu'à l'idolâtrie, quand l'idolâtrie est inoffensive et ne blesse pas les mœurs. D'ailleurs ce qui portera ici le nom d'idolâtrie, ailleurs s'appellera la vraie religion, et la persécution qu'on aura abolie contre les hérétiques renaîtra, quand on les aura qualifiés d'idolâtres.

L'indulgence qu'il montre pour l'idolâtrie, ou pour tout ce qu'on pourrait flétrir de ce nom, sous l'influence de la haine ou du préjugé, Locke ne la croit pas due à l'athéisme, parce que l'athéisme, professé ouvertement, enseigné en public à une foule ignorante et faible, est plus qu'une opinion : c'est une action nuisible à la société, c'est un état constant de rébellion contre ses lois les plus nécessaires et les plus saintes. « Ceux qui nient l'existence d'un Dieu ne doivent pas, dit-il [1], être tolérés, parce que les promesses, les contrats, les serments et la bonne foi, qui sont les principaux liens de la société civile, ne sauraient engager un athée à tenir sa parole, et que si l'on bannit du monde la croyance d'une divinité, on ne peut qu'introduire aussitôt le désordre et une confusion générale. » Cette idée, comme toutes celles qui se rattachent aux rapports de l'État et de la religion, a été recueillie par J.-J. Rousseau dans le *Contrat social*.

Si Locke s'était arrêté là, je n'aurais pas beaucoup d'objections à lui opposer. Je souscrirais à l'ostracisme qu'il prononce contre les athées, sous cette unique réserve que leur doctrine devrait avoir perdu son caractère spéculatif, qu'elle devrait être sortie du cercle des discussions philosophiques pour revêtir la forme d'une prédication populaire. Mais Locke fait à son principe

---

1. *Ubi supra*, p. 211.

de liberté religieuse une autre exception, contre laquelle nous devons nous élever de toutes nos forces. Il appelle l'intolérance de l'État contre les dogmes intolérants. Et que faut-il entendre par un dogme intolérant? Celui qui nous fait croire qu'en vertu de notre foi ou de la grâce qu'elle fait descendre pour nous, nous avons une certaine autorité sur les affaires de l'État et le droit de dominer sur la conscience des autres, ou qui nous porte à regarder les autres comme indignes de la protection de la société et des lois [1]. Ainsi l'intolérance ou les religions signalées à la proscription de l'État se révèlent par trois caractères : 1° elles prétendent exercer une certaine influence sur la société civile ou sur le mouvement général de la vie; 2° elles ont l'ambition de dominer les consciences; 3° elles ne regardent la protection de l'État comme légitime, que lorsqu'elles en recueillent le fruit. Mais je le demande : quelle est l'opinion, non seulement religieuse, mais politique, qui n'est pas possédée par l'un ou l'autre de ces sentiments lorsqu'elle ne les réunit pas tous les trois? Tout parti politique

---

1. *Ubi supra*, p. 209.

qui repose sur des principes et non sur des passions, et si modéré d'ailleurs qu'on le suppose, a la prétedtion d'arriver aux affaires et de le gouverner beaucoup mieux que les partis rivaux. Par là même il est conduit à l'étendre aussi loin que possible, c'est-à-dire à conquérir la domination des esprits et enfin à désirer le pouvoir pour lui seul. Faudra-t-il donc interdire dans une société bien gouvernée tout dissentiment politique. Faudra-t-il, par le fer et par le feu, ramener toutes les opinions à une seule? Ce que je viens de dire des opinions politiques s'applique en grande partie aux systèmes philosophiques, dont chacun, à l'exclusion des autres, voudrait dominer les intelligences, diriger les hommes et les affaires et s'emparer du gouvernement de la société. Les opinions religieuses, de toutes les plus ardentes et les plus dominatrices, seront-elles seules exclues de ces nobles ambitions? Il n'y a pas lieu de s'étonner que celui qui croit avoir la vérité, la vérité absolue sur Dieu, sur l'âme humaine, sur la vie future, sur la règle du bien, pense qu'il est appelé à la faire pénétrer partout, dans la foi, dans la science, dans la vie, dans les actions, dans la pensée, dans chaque âme en particulier et dans la société tout entière, par conséquent dans la législation et dans le gouvernement de la société? Parce qu'il pense ainsi, est-ce une raison de le laisser faire, surtout quand les autres pensent absolument de même en faveur d'une idée complètement différente? Et si on ne le laisse pas faire, si l'on a la force nécessaire pour le contenir dans les bornes d'une influence légitime, c'est-à-dire d'une influence fondée sur la persuasion, pourquoi le proscrire, pourquoi l'exclure de cette tolérance qui est l'affaire, non des sectes, mais de l'État? Il est d'ailleurs utile pour la liberté en même temps que c'est une conséquence nécessaire de ses principes, que l'intolérance, devenue impuissante pour agir et pour opprimer, ait le droit de plaider sa cause et d'étaler au grand jour ses hideuses maximes. En l'entendant parler, on se prend à la détester, et l'on rend grâce au ciel de vivre dans un temps où il ne lui reste plus que la parole.

Mais non, ce n'est pas l'intolérance prise en général que Locke poursuit; ce n'est pas une abstraction qu'il veut proscrire, mais un culte réel que les préjugés d'enfance, que son éducation protestante, plus forte que sa philosophie, lui représentent comme l'ennemi irréconciliable de toute liberté, de toute indépendance politique. Ce culte, c'est le catholicisme. Le catholicisme ne lui paraît pas seulement incompatible avec la liberté des autres croyances, mais aussi avec les devoirs du citoyen et l'indépendance des pouvoirs publics. A ce titre, il demande qu'il soit interdit dans un État bien gouverné. « Une Église, dit-il [1], dont tous les membres, du moment qu'ils y entrent, passent *ipso facto* au service et sous la domination d'un autre prêtre, n'a nul droit à être tolérée par le magistrat, puisque celui-ci permettrait alors qu'une juridiction étrangère s'établît dans son propre pays et qu'on employât ses sujets à lui faire la guerre. » Pour renverser cet odieux sophisme, il suffit d'en appeler à la distinction établie par Locke lui-même entre la société civile et la société religieuse, entre l'ordre temporel et l'ordre spirituel. C'est comme membre de l'Église, et seulement dans l'ordre spirituel, que le catholique reconnaît l'autorité du souverain pontife. Mais comme membre de la société civile et dans l'ordre des faits qui relèvent d'une

---

1. *Ubi supra* p. 10.

telle société, il reconnaît l'autorité du magistrat, l'autorité de l'État et de ses lois. La vérité une fois entrée dans un de nos principes, on peut se fier à elle pour les conséquences, il faudra l'accepter tout entière ou la renier. Elle ne transige pas avec nos préjugés et avec nos passions.

Je ne veux pas dire pour cela que les principes de Locke sur les rapports de la religion et de l'État soient absolument irréprochables. On y remarquera le même vice que dans ses principes purement politiques. Ils sont insuffisants, parce qu'ils ne donnent à l'État qu'une mission purement négative, celle de protéger la liberté religieuse ou la maintenir, d'empêcher les différents cultes qui se disputent la domination des âmes, de s'opprimer les uns les autres. Que ce pouvoir soit assez efficace dans un pays où le sentiment religieux exerce une telle puissance qu'il ne reste qu'à le régler ou à le contenir : personne ne le contestera. Mais là où le sentiment religieux, affaibli de tous côtés, a besoin d'aiguillon, il n'est pas permis à l'État de rester tranquille spectateur de la dissolution des croyances. Il faut qu'il soutienne et qu'il encourage, qu'il vérifie par tous les moyens légitimes ces institutions saintes sans lesquelles, comme Locke le reconnaît lui-même, la société est sans règle et sans base. Il faut qu'il assure aux plus humbles comme aux plus grands une éducation religieuse. Il faut qu'il veille à ce que les serviteurs de Dieu et les monuments religieux ne manquent à aucune partie du territoire, à aucune classe de la société, et restent toujours dignes de leur destination. Mais il faut que cette protection s'étende sur tout ce qui en est digne dans l'ordre politique, il faut dire sur toutes les croyances qui enseignent une morale saine, qui sont capables de former des hommes de bien et de bons citoyens. En revanche de cet appui, il est juste qu'il ait le droit de s'assurer que les intérêts généraux de la société et ses propres lois ne courent aucun danger.

Il y a une autre considération qui a échappé à Locke. C'est que la religion est plus ancienne que certains Etats et sa puissance, en certains pays, beaucoup plus grande et aussi grande que la puissance politique. Alors il faut bien que l'un de ces pouvoirs traite avec l'autre, et qu'il entre dans un ordre de choses qui n'est ni la liberté, ni la protection, ni la tolérance, mais la transaction. La transaction, c'est-à-dire le bon accord, l'harmonie volontaire des forces morales de la société, est un droit aussi incontestable que cette liberté tout abstraite et toute négative dont Locke s'est déclaré le champion.

LIVRE II

VICO

Le but que Vico se propose dans toutes ses œuvres, le but constant de sa pensée et de sa vie même, c'est de créer une science qui repose à la fois sur la raison et sur l'expérience, non l'expérience d'un homme, mais celle de toutes les générations, et qui nous représente par cela même l'autorité et la tradition du genre humain : car pourquoi ces deux moyens de nous gouverner et de nous instruire seraient-ils en désaccord l'un avec l'autre ? La même raison qui brille en chacun de nous n'est-ce pas celle qui éclaire toute l'humanité, qu'ont invoquée tous les siècles, et qu'invoqueront dans l'avenir, tant que le monde existera, toutes les nations et tous les individus ? Or, si la raison est l'attribut essentiel, la règle nécessaire de tous les hommes, il faut bien qu'elle éclate dans les actions, dans les œuvres, dans les institutions humaines, dans un certain ordre, ou d'après une certaine loi qui sera essentiellement raisonnable. Il est donc indispensable, si l'on veut savoir la vérité sur la nature humaine, d'interroger la raison non seulement en soi, dans le foyer intérieur de la conscience, mais hors de soi, c'est-à-dire chez les autres, dans la suite de leurs actions et de leurs pensées, dans la vie collective et dans la conscience de la société, devenue visible en quelque sorte à travers le temps et l'espace.

On sait que cette idée a donné naissance à la *Scienza nuova*, un des monuments les plus originaux et les plus hardis, non pas cependant le premier monument de la philosophie de l'histoire ; mais on oublie généralement, ou l'on ignore que longtemps avant de composer cette œuvre, Vico avait déjà fait l'application de son principe à la politique et à la jurisprudence, ou qu'il avait essayé de fonder une jurisprudence universelle, un système universel de législation

et de gouvernement, une philosophie universelle
du droit, où la conscience et les lois écrites, le
droit naturel et le droit positif, en un mot, la
raison et les faits sont appelés à former une
seule et même science. C'est ce dessein qui lui a
inspiré son profond traité de l'unité et de l'universalité du droit, considéré dans son principe et
dans sa fin : *De uno universi juris principio et fine
uno* [1].

Que Vico ait réussi ou non dans son entreprise,
c'est une marque incontestable de la supériorité de
son génie d'avoir osé seulement la concevoir, et
c'est un grand honneur pour l'Italie, quoiqu'elle
ne lui ait rendu justice que longtemps après sa
mort, de lui avoir donné naissance.

Si la doctrine de Vico se distingue entre toutes
celles du XVIIIe siècle par l'élévation et la profondeur, elle ne brille pas toujours par la clarté.
Pour la bien comprendre, il est nécessaire, en
quelque sorte, d'assister à sa naissance et de
voir comment, peu à peu, elle s'est développée
jusqu'à embrasser, comme on le lui a reproché, le

---

[1]. Dans le recueil des Œuvres latines de Vico. *Opere scientifiche
latine*, 1 fort vol. in-8°. Milan. 1837.

fameux programme de Pic de la Mirandole, le domaine de toutes les connaissances qui existent et de celles mêmes qui sont à créer. Mais la doctrine de Vico est inséparable de toute sa vie, et il n'a vécu que pour elle. Elle l'a pris en quelque façon au sortir de l'enfance et ne l'a quitté que lorsque, brisé de cœur et de corps, il ne pouvait plus la servir et qu'elle n'eut plus besoin de lui. Incapable d'autre chose que de l'œuvre pour laquelle il semblait avoir été créé et que ses contemporains ne comprenaient pas, il a été d'autant plus malheureux que ses souffrances, venant presque toutes des plus humbles nécessités de l'existence, ne présentent à l'imagination aucun prestige. C'est pour nous une raison de plus d'attacher nos regards à ce triste spectacle, de ne pas séparer l'un de l'autre le martyre et sa foi.

CHAPITRE PREMIER

Notions biographiques.

Jean-Baptiste Vico, né à Naples en 1668, dans l'année même où naissait d'Aguesseau avec moins de génie, mais sous de meilleurs auspices, était fils d'un pauvre libraire, et cette pauvreté qui l'accueillit à son berceau le poursuivit toute sa vie. A l'âge de sept ans, il lui arriva un grave accident : il tomba du haut d'une échelle, et se fit à la tête une fracture qui ne laissa prévoir pour lui, à son médecin, que la folie ou la mort; heureusement il garda à la fois la vie et la raison. Cependant il se passa trois ans avant qu'il pût reprendre ses études à peine commencées; mais il répara le temps perdu, car telles étaient son activité et sa passion d'apprendre que souvent sa mère, en se levant le matin, le surprenait encore devant sa petite table et sa lampe allumée, témoin de ses veilles. Ses parents d'ailleurs, pleins de tendresse pour lui, étaient incapables de le diriger, et ses premiers maîtres n'eurent pas l'art de gagner sa confiance; aussi s'élevait-il à peu près seul. Très jeune encore, à l'âge où les autres enfants n'ont pas quitté la grammaire, il apprit du jésuite Antonio Balzo la philosophie nominaliste; puis il passa, sous la direction d'un autre jésuite, le P. Joseph Ricci, à la philosophie scotiste, mêlée, on ne sait comment, de stoïcisme et de platonisme, pour se plonger ensuite dans les œuvres de Suarez, c'est-à-dire en plein thomisme. C'est ainsi que l'on comprenait encore à Naples l'enseignement de la philosophie, près de trois quarts de siècle après la publication du *Discours de la méthode*.

Je dirai tout de suite que ces stériles études, que la critique de nos jours ne se contente pas d'expliquer, mais qu'elle cherche à réhabiliter, ont fait un médiocre bien au jeune Vico; ce sont elles qui lui ont donné ce style haché, sec et abrupt qui répand tant de glace et de ténèbres

sur sa pensée; ce sont elles qui ont fait passer
chez lui en habitude ces divisions symétriques
et innombrables, non moins nuisibles à l'intelligence qu'à la langue. Heureusement, il ne s'y
arrêta pas longtemps. Le droit détrôna dans son
cœur cette philosophie aride et verbeuse. Il gagna d'abord fort peu à ce changement, car la
méthode qui servait alors dans le royaume de
Naples à l'enseignement du droit, surtout du droit
canon, était la méthode purement scolastique, et
la science revêtue de cette forme ne répondait
nullement aux idées que, dès ce temps, Vico
s'en était formées. Il résolut donc d'être encore
ici son propre maître, comme il l'avait déjà été
pour les premières études de son enfance. Laissant là les professeurs et les commentateurs de
son temps, il remonta jusqu'aux sources de la
jurisprudence soit civile, soit religieuse, c'est-
à-dire aux monuments du droit romain et aux
constitutions ecclésiastiques. Il chercha ensuite à
expliquer ces vieux textes en prenant pour guides
les commentateurs les plus justement renommés,
ceux qui cherchaient la raison des lois dans leur
origine historique et dans les événements mêmes
qui les avaient provoquées; il s'appliqua à deve-

nir un jurisconsulte philosophe, en même temps qu'il étudiait les lois de son pays. A seize ans, il plaida pour son père devant le tribunal de la rote et gagna son procès. Nul doute, s'il eût suivi cette carrière, qu'il ne fût devenu un avocat de premier ordre, et qu'il n'eût rencontré sur son chemin la fortune; mais il était réservé à de plus hautes destinées et à une vie moins facile.

Après avoir passé quelques-unes des années de sa jeunesse à servir tour à tour les trois plus hautes puissances du monde intellectuel : la poésie, la philosophie et la théologie; après avoir été conduit par la première, alors tombée dans la plus triste décadence, à l'étude de la langue et de la littérature de l'ancienne Rome et de la grande œuvre italienne du XIIIe siècle, c'est-à-dire de la *Divine Comédie;* après avoir été introduit par la seconde dans le commerce intime des plus grands génies de l'antiquité, de Platon, d'Aristote, de Cicéron et des stoïciens; enfin, après avoir emprunté à la troisième une connaissance approfondie des Pères de l'Église, il entra décidément dans la voie qu'il devait parcourir avec tant d'honneur. Il avait alors vingt-quatre ou vingt-cinq ans. Ayant trouvé un asile, une paisible existence et les moyens de rétablir sa santé délabrée dans le château de Vatolla, où l'évêque d'Ischia lui avait confié l'éducation de ses neveux, il quitta le barreau pour ne plus s'occuper que de son perfectionnement intellectuel et de la réalisation de son plan, car, dès ce moment, il avait déjà conçu l'idée de l'ouvrage que je viens de citer tout à l'heure et que l'on connaîtra bientôt.

L'Italie, comme la France, appartenait, en ce moment, aux idées de Descartes. Vico, sans les rejeter, ne voulut pas les admettre à l'exclusion de toute autre philosophie; il sentit le danger qu'elles pouvaient offrir à de jeunes intelligences en exaltant en elles l'esprit critique et en leur donnant une idée exagérée de leurs forces; il vit la faiblesse ou l'insuffisance de la physique cartésienne, qui substituait partout, dans l'explication des phénomènes de la nature, les lois de la nécessité, c'est-à-dire les lois de la mécanique et du calcul, à l'action des forces spirituelles et aux plans harmonieux de la divine Providence; il reconnut enfin la base trop étroite que le cartésianisme donnait à la métaphysique et à la morale en supprimant, en quelque façon, l'histoire des idées aussi bien que celle des faits, pour ne laisser subsister que le témoignage de la conscience, élevé à la hauteur d'une autorité infaillible par la fameuse proposition : « Je pense, donc je suis; *Cogito, ergo sum.* » Ces objections contre la philosophie dominante, je ne les prête pas à Vico de mon autorité privée ou par voie de déduction; il les a développées lui-même dans un discours prononcé en 1708, et conservé parmi ses œuvres, *sur la méthode suivie actuellement dans les études : De nostri temporis studiorum ratione;* et ce qu'il disait en 1708 était la pensée de toute sa vie.

Il concentra toute son admiration et tous ses labeurs sur trois grands hommes, les seuls qu'il voulût alors reconnaître pour ses maîtres : Platon, Tacite et Bacon. Le premier, selon lui, nous montre l'homme tel qu'il doit être; le second nous montre l'homme tel qu'il est, et le troisième, en se plaçant entre les deux autres, en s'efforçant de réunir toutes les branches du savoir humain, en réunissant la méthode d'observation à la spéculation pure, a posé les fondements de la république universelle des intelligences. Plus tard, Vico ajouta à ces trois grands noms le nom de

Grotius. Tel qu'il le comprend, l'auteur du *Traité de la guerre et de la paix* a fait concourir l'histoire, la théologie, la philosophie et la philologie même, représentée par les plus belles langues de l'antiquité, le latin, le grec et l'hébreu, à la formation d'une science universelle, que n'ont connue ni Platon, ni Bacon, ni Tacite : Car Platon, trop occupé à orner sa pensée, a souvent mêlé la vérité au mensonge, les principes sublimes de sa métaphysique à la poésie d'Homère, qui n'est que la vulgaire sagesse de tout un peuple; Tacite, en s'occupant plus des faits que des idées, n'a produit aucun système général, n'a rien fait pour les lois qui commandent à toute l'humanité; enfin, Bacon, absorbé presque tout entier dans la contemplation de la nature et dans l'observation du monde extérieur, ne semble pas avoir soupçonné l'unité et la perpétuité des lois révélées par l'histoire. C'est Vico qui a donné à Grotius le beau titre de *jurisconsulte du genre humain*. Il s'était même proposé d'expliquer et de développer ses idées dans un commentaire semblable à ceux que provoque tous les jours le texte des lois positives. Il avait déjà écrit, sur le premier et la moitié du second livre du *Traité de la guerre et de la paix*, des notes à la fois critiques et historiques, lorsque subitement il a été arrêté par cette réflexion, qu'il ne convenait pas à un auteur catholique de se faire l'interprète et le défenseur d'un écrivain protestant. Il faut toujours que l'homme de génie paye son tribut aux préjugés de son temps et de son pays.

Après avoir nourri son esprit de la forte substance contenue dans les œuvres de ces illustres modèles, il résolut d'étendre encore l'horizon qu'ils avaient embrassé tous les quatre ensemble. A la science et à la sagesse de l'antiquité il voulut ajouter les inspirations et les dogmes du christianisme ; à la philosophie et à l'histoire, la philologie ; aux maximes spéculatives des savants, des philosophes, des académiciens, le bon sens pratique des hommes d'État et les vagues instincts des peuples, manifestés dans tout leur éclat dans les œuvres des poètes.

CHAPITRE II

Ses ouvrages.

Le premier fruit véritablement important de ces méditations, ce fut son livre *De uno universi juris principio et fine uno*, auquel se rattache, comme un appendice, le traité *De constantia jurisprudentis*. C'est en 1720 que parurent ces deux écrits, et ils ne furent remarqués en Italie que par des critiques jaloux et envieux; mais ils obtinrent plus de justice à l'étranger. Jean Leclerc, dans sa *Bibliothèque ancienne et moderne*[1], les annonça au monde savant comme une œuvre d'une rare originalité.

---

1. Tome XVIII, 2ᵉ partie.

Ce n'est donc pas comme auteur de la science nouvelle, comme fondateur de la philosophie de l'histoire, que Vico est arrivé pour la première fois à la célébrité, ou du moins à une certaine réputation, mais comme fondateur de la philosophie du droit, ou comme interprète de la jurisprudence naturelle ; mais ces deux sciences étaient si étroitement liées dans sa pensée, qu'elles virent le jour à peu de distance l'une de l'autre. En effet, dans un chapitre qui a pour titre *Tentative d'une science nouvelle*[1], il nous offre déjà, en 1720. l'idée et le plan de la *Scienza nuova*, et quelques années après, en 1725, elle paraît sous son propre nom. Deux ans se sont à peine écoulés que cette œuvre immortelle est déjà arrivée à sa seconde édition.

Cependant il s'en faut bien que l'auteur ait obtenu dans sa patrie le rang et la renommée qui lui sont dus. Après avoir consacré neuf ans de sa vie à l'éducation des neveux de l'évêque d'Ischia, il obtint en 1697, à l'université de Naples, une chaire de rhétorique, avec cent écus d'appointements par ans. Une chaire de droit lui aurait

---

1. *Nova scientia tentatur.*

convenu beaucoup mieux, à lui, le premier jurisconsulte de l'Italie et peut-être de l'Europe. Elle aurait amélioré sa situation en même temps qu'elle lui aurait offert une tâche plus digne de ses facultés ; mais il ne put jamais l'obtenir. Il avait soutenu, dans ce but, un concours public contre d'obscurs rivaux, mais ses rivaux, à cause de leur obscurité même, l'emportèrent sur lui, et il garda pendant quarante ans sa chaire de rhétorique et ses appointements de cent écus.

Dans l'intervalle, ses besoins augmentaient avec les années. Père d'une nombreuse famille, il était obligé, pour fournir à sa subsistance, de donner des leçons de latin à des jeunes gens de haut rang. Malgré la protection du cardinal Corsini, devenu plus tard le pape Clément XII, il ne put imprimer la seconde édition de la *Science nouvelle* qu'en vendant une bague d'or ornée d'un diamant, souvenir vénéré de sa mère. Marié à une femme privée de toute instruction et même des qualités les plus prosaïques d'une mère de famille, il était forcé de descendre aux détails les plus minutieux de son ménage, de veiller à la nourriture et aux vêtements de ses pauvres petits enfants. C'est au milieu de leurs jeux et du bruit de leurs conversations qu'il composait ses immortels ouvrages, l'exiguïté de sa misérable demeure ne lui accordant pas même un asile pour le travail. Il a été à la fois pour eux un père et une mère : car cette humble tâche dont je viens de parler ne l'empêchait pas de veiller à leur éducation ; mais, s'il eut le bonheur d'y réussir pour quelques-uns, s'il vit son fils Gennaro marcher sur ses traces et s'asseoir dans sa chaire, en attendant qu'il pût l'occuper toujours ; s'il vit sa fille Louise attirer sur elle les regards et charmer son intérieur par le talent de la poésie, il fut rudement éprouvé par deux autres de ses enfants : une fille, atteinte d'infirmités incurables, se mourait sous ses yeux, sans pouvoir atteindre au terme fatal ; et un de ses fils s'abandonna à de tels désordres, qu'il fut obligé lui-même de le livrer à la justice, mais non sans avoir cherché à le faire évader quand la justice répondit à son appel. Enfin, éprouvé dans son corps comme dans son cœur et dans sa fortune, il souffrait depuis longtemps d'une carie des os de la tête et d'un abcès gangreneux à la gorge. Il venait d'être nommé, à l'avènement de la dynastie des Bourbons, historiographe du roi de Naples, avec cent ducats d'appointemens, lorsque, affaibli par l'âge et par la maladie, il fut obligé de prendre sa retraite, à laquelle, bientôt après, succéda la mort. Il expira le 2) juin 1744, à l'âge de soixante-seize ans, en rendant grâces à la Providence des bienfaits dont elle l'avait comblé. Il voulait parler, sans doute, des facultés du génie et des jouissances que donne la pensée jusque dans les ténèbres de l'existence la plus opprimée et la plus misérable.

CHAPITRE III

Le principe du droit.

La vie de Vico, à l'exception de ses dernières épreuves, nous est racontée par lui-même. C'est donc sur la foi de son propre témoignage que nous venons d'assister en quelque sorte aux développements de sa pensée et que nous avons suivi l'essor qui l'a porté par degrés au-dessus de tous les horizons embrassés par ses devanciers. Nous allons maintenant nous occuper, je ne dirai pas de ses œuvres, mais de la seule d'entre elles qui appartienne directement au sujet de ces études, de son *Traité de l'unité du droit considéré dans son principe et dans sa fin.*

L'ouvrage tout entier repose sur cette proposition : la science du droit, ramenée à ses éléments les plus certains et les plus nécessaires, la vraie jurisprudence, en un mot, est fondée à la fois sur la raison et sur les faits, ou, ce qui est la même chose, sur la philosophie et sur l'histoire : sur la philosophie qui remonte aux lois et aux besoins de notre nature, aux causes et aux nécessités d'où émanent tous les faits; sur l'histoire, qui nous rend témoignage des faits eux-mêmes, qui nous enseigne dans quel ordre ils se succèdent, dans quelles circonstances ou à quelles occasions ils se produisent. Mais cette proposition, Vico ne se contente pas de l'énoncer comme un axiome. En attendant qu'il la développe avec suite et qu'il lui donne pour démonstration ce développement même, il l'éclaire par une esquisse rapide et à la fois originale de l'histoire de la jurisprudence dans l'antiquité, c'est-à-dire chez les Grecs et chez les Romains.

Chez le premier de ces deux peuples, les principes du droit occupaient une très grande place dans les recherches et les discussions philosophiques, qui, elles-mêmes, dominaient toutes les œuvres de l'intelligence. Ils étaient l'objet d'une partie distincte de la philosophie, à laquelle nous donnons le nom de *politique*, mais qu'on appellerait plus justement la science de la société ou de la cité (*doctrina civilis*); cette science se rattachait étroitement à la morale, et la morale, à son tour, dépendait de la théologie naturelle, c'est-à-dire de la métaphysique, qui s'appliquait aux objets les plus sublimes de notre connaissance : à Dieu d'abord, puis à l'âme, à l'œil de l'âme, que nous appelons l'intelligence; à l'œil de l'intelligence, que nous appelons la raison, et à la lumière par laquelle cet œil est éclairé, c'est-à-dire aux idées et à l'essence unique et invariable de ces idées, qui est la vérité même, l'éternelle et la divine sagesse. On reconnaîtra facilement ici les réminiscences que Vico a conservées de son commerce avec Platon, et la trempe toute platonicienne de son esprit.

Mais les Grecs ne se renfermaient pas dans cette jurisprudence toute spéculative et qui, indifférente à la vie réelle, ne paraissait pas plus se soucier du passé que du présent et de l'avenir. A côté des métaphysiciens et des philosophes qui ne s'occupaient que des lois de la raison pure, on rencontrait parmi eux des praticiens (πραγματικοί), qui ne connaissaient que les lois écrites de leur pays et les arrêts rendus par la justice, dont la science aveugle, se confondant avec la mémoire, ne s'étendait pas au delà du droit de l'Attique.

Quelle a été la conséquence de cette situation ou de cette rupture complète entre la raison et les faits, entre la spéculation et la réalité ? C'est que les Grecs n'ont jamais eu, a proprement parler, de jurisconsultes. C'est que la jurisprudence proprement dite était chez eux une science inconnue. Ils la remplaçaient comme ils pouvaient par la rhétorique; et, en effet, ce ne sont pas des avocats ou des jurisconsultes qui plaidaient devant leurs tribunaux, ce sont des rhéteurs ou quelque chose de pis encore, des sophistes, pour qui toutes questions se ramènent à une seule : le succès, le triomphe de la cause dont ils s'étaient chargés, et qui, pour arriver à ce résultat, s'appuyaient indifféremment sur les lois écrites ou sur les spéculations abstraites des philosophes, s'adressant, selon leur intérêt, tantôt à une secte, tantôt à une autre, sans se soucier ni de la vérité ni de la justice.

Les Romains, au moins ceux de la République, nous présentent un tout autre spectacle. Là, la puissance de la parole, la subtilité du raisonnement, les profondeurs de la spéculation ne sont rien. Tout se passe en action. L'austérité des mœurs et l'énergie spontanée des caractères tiennent lieu de morale ; la métaphysique est remplacée par la religion active, par la piété envers les dieux, et la science de la société ou de la cité par les inspirations du patriotisme et l'expérience des affaires, acquise dans l'exercice des charges de l'État. Les patriciens qui seuls étaient admis à remplir les magistratures et à siéger au Sénat, étaient tout à la fois les législateurs et les jurisconsultes de la République. Il était naturel que, dans cet état de choses, ils connussent non seulement le texte, mais aussi la raison des lois, la cause historique qui leur avait donné naissance et l'esprit dans lequel elles devaient être appliquées. La jurisprudence, à ce moment de l'histoire romaine, n'offrait donc point le divorce, qu'on remarque chez les Grecs, entre la science du praticien, les spéculations des philosophes et l'art du rhéteur ; elle formait véritablement une seule et même connaissance, mais qui se confondait avec la politique, je veux dire avec le gouvernement même des praticiens, et qui restait leur secret.

Quelque temps avant la première guerre Punique, un certain Tiberius Coruncanius fit de ce secret, de cet art occulte réservé à l'usage des seuls praticiens, une science susceptible d'être enseignée et perfectionnée. Ainsi naquit la jurisprudence proprement dite, quoique renfermée encore dans un cercle très étroit : car, naturellement, il n'y eut que les jeunes gens des premières familles, ceux que leur naissance appelait aux plus hautes dignités de l'État, qui trouvèrent quelque motif de s'y appliquer.

Cette jurisprudence, d'abord restreinte dans son objet, comme la sphère dans laquelle elle devait se renfermer, s'est bornée, sous la République, à faire connaître le sens exact des lois et à les interpréter de la manière la plus sévère, sans s'élever au-dessus de la raison d'État *(ex ratione civili)* ou de l'intérêt politique qui les avait dictées. Mais sous l'Empire, quand la législation romaine était devenue à peu près celle du monde civilisé, elle devint plus bienveillante et plus humaine. Elle fit concourir, dans l'interprétation des lois, la raison naturelle avec la raison civile, c'est-à-dire les principes de la justice universelle, les principes de l'humanité et de l'équité avec l'intérêt particulier d'une nation.

En même temps qu'elle s'appuyait sur cette double base, l'une philosophique, l'autre politique et historique, elle comprenait qu'il y en avait une troisième, dont elle ne pouvait pas plus se passer que des deux premières, à savoir : la connaissance exacte, la définition précise des termes du droit, l'étymologie en attendant la philologie. Cette science des mots, qui chez les Grecs rentrait en partie dans la grammaire et en partie dans la logique, devenait donc chez les Romains non seulement un instrument, mais une branche de la jurisprudence. Aussi le jurisconsulte est-il parmi eux le sage par excellence, et même le seul sage, et la jurisprudence, confondue avec la sagesse, est-elle appelée par Ulpien la science des choses divines et humaines.

Mais quoi! le genre humain, malgré l'avènement du christianisme, malgré les révolutions accomplies dans le monde depuis dix-sept cents ans (je parle au nom de Vico), est-il obligé de s'en tenir à la jurisprudence romaine? Quand elle fait intervenir la justice universelle, c'est-à-dire le droit naturel, c'est toujours en le subordonnant à la raison civile [1]. Les principes de la justice ne nous sont connus que par la raison ; la raison va les prendre, non dans les écrits ou dans les paroles des sages du paganisme, mais dans une connaissance véritable de la nature humaine, qui elle-même a son origine dans la connaissance du vrai Dieu [2]. Cela veut dire, en d'autre termes, que la science du droit, comme celle de la morale, repose en dernier ressort sur la métaphysique, car c'est la métaphysique qui, dans l'ordre de la raison et de la science, nous apprend quelle est la nature et quels sont les attributs de Dieu. C'est l'idée de Dieu qui nous éclaire sur nous-mêmes ou sur notre propre nature. C'est enfin l'idée que nous avons de notre personnalité, l'idée de nos facultés, de nos besoins et de notre condition, ou, pour me servir des expressions mêmes de Vico, l'idée de notre pouvoir, de notre savoir et de notre vouloir, qui nous donne la règle de ce qui est juste ou injuste, qui nous éclaire sur les principes du droit.

1. *Idipsum ex rationes civili facerunt.* (*Opere scientifiche latine*, p. 236. Milan. 1837.)
2. *Non ex Ethnicorum scriptis dictisve, sed ex vera humanæ naturæ cognitione, quæ ex vero Deo orta sit, jurisprudentiæ principia deducenda.* Ubi supra.

Cette même pensée, Vico la reproduit encore sous une autre forme. Il s'efforce de la rendre sensible par une image qui lui est chère et qui revient fréquemment sous sa plume. Le principe de toutes nos facultés, c'est l'âme. L'œil de l'âme, c'est la raison, et la lumière par laquelle cet œil est éclairé lui vient de Dieu ; c'est la vérité éternelle. L'idée que nous avons de Dieu se réfléchit donc dans celle que nous avons de nous-mêmes, c'est-à-dire dans notre propre conscience. La conscience de l'homme, sa conscience tout entière se réfléchit à son tour dans les lois qui sont appelées à gouverner la société, dans les règles d'une jurisprudence universelle et immuable.

Mais si, dans l'interprétation du droit romain, les bons jurisconsultes ne séparaient pas la raison naturelle de la raison civile, et la raison civile de la connaissance exacte des termes du droit, il en doit être de même dans l'interprétation du droit universel. Les jurisconsultes vraiment dignes du nom de philosophes, et les philosophes vraiment dignes du nom de jurisconsultes, ne sépareront pas davantage l'étude des principes métaphysiques du droit de l'étude des institutions et des lois positives, des faits et des monuments qui nous montrent à quelle occasion les principes se sont fait jour parmi les hommes et comment ils ont été compris, selon la diversité des temps et des lieux. En un mot, ils ne sépareront pas la philosophie de la philologie; mais, au contraire, ils les contrôleront et les expliqueront l'une par l'autre. Ils seront convaincus que si l'homme est véritablement un être raisonnable, et si la raison se développe sous l'influence des circonstances extérieures, l'usage de l'autorité est rarement arbitraire; par conséquent que chacun de ses actes, que chacune des lois dont elle est l'origine doit trouver son explication dans les lois de notre espèce. C'est précisément l'ensemble de ces actes et de ces lois, conservés par les monuments et par les langues, que Vico désigne sous le nom de philologie. L'œuvre de la philologie et de la philosophie pourra seule mettre un terme aux systèmes contradictoires dont le droit a été l'objet; seule elle fermera la bouche à Hobbes et à Machiavel, à Bayle et à Spinosa; seule elle fondera la jurisprudence universelle également, supérieure à la jurisprudence purement rationnelle de Grotius et à la jurisprudence positive de Cujas; seule enfin elle donnera une place aux idées chétiennes à côté des idées de l'antiquité grecque et romaine.

Tel est le but que Vico se propose. Maintenant voyons de quelle manière il croit avoir réussi à l'atteindre.

CHAPITRE IV

La raison.

Après avoir démontré par les principes qui sont le fond même de la pensée, ou par les axiomes réunis de toutes les sciences, l'existence et les attributs de Dieu ; après avoir défini par les attributs de Dieu ceux qui forment essentiellement la nature de l'homme, sa puissance, ombre effacée de la puissance divine ; sa volonté, faible image de la volonté suprême ; son intelligence ou sa raison, pâle rayon de la raison éternelle, Vico s'arrête particulièrement sur cette dernière faculté. Limité dans son pouvoir, inférieur même aux animaux par les forces de son corps, et ne trouvant dans sa volonté un instrument capable de servir à ses fins qu'autant qu'elle est éclairée et gouvernée par la raison, c'est par la raison seule que l'homme est le roi de la nature, c'est par elle qu'il embrasse l'infini et qu'il nous présente ici-bas l'image de son créateur. Notre perfection consiste donc à vivre toujours selon les lois de la raison, à lui subordonner notre volonté qui n'est libre qu'à ce prix, à lui consacrer l'usage de toutes nos forces, en l'employant elle-même, durant toute notre existence, à la contemplation et à la recherche de la vérité.

Philosophe et chrétien avec une égale conviction des deux côtés, platonicien enthousiaste et catholique fervent, Vico cherche à mettre d'accord les croyances naturelles de l'homme avec le dogme de la déchéance. Cette perfection, dit-il, qui est sa destination, l'homme l'a possédée autrefois; car c'est dans la perfection que réside le bonheur, et le bonheur étant la fin naturelle de tous les êtres, surtout des êtres intelligents, capables de connaître Dieu et de se connaître eux-mêmes, n'a pas pu lui être refusé. C'est donc uniquement par sa faute que l'homme est descendu à la triste condition où il languit aujourd'hui. Mais quel que soit son abaissement, la céleste empreinte est restée dans son âme. Dans l'erreur même qui fait illusion à son esprit, dans les objets éphémères qui allument ses désirs, il poursuit comme une ombre du vrai et du bien. La vérité, la perfection, n'ont donc pas cessé de l'attirer ; il dépend de lui de les reconnaître et de les saisir, en élevant sa raison au-dessus de lui, en affranchissant sa volonté de la servitude des passions.

Sans aucun doute, il nous faut à présent, pour nous élever à cette hauteur, un supplément de lumière et de force dont l'homme n'avait pas besoin dans sa pureté originelle; il nous faut à présent le secours surnaturel de la révélation et la grâce; mais la raison et la liberté restent pour nous les conditions indispensables de la vertu, de la science, de la sagesse en un mot, de la perfection, fin dernière de notre existence, ordre suprême, immuable, auquel doivent se conformer toutes nos actions et toutes nos pensées, qui doit régler tous les mouvements et toutes les forces de notre être. C'est ainsi que Vico, après avoir mis en quelque sorte le dogme en sûreté, rentre avec toute son indépendance dans la large voie qu'il s'est tracée, et ne se montre pas moins philosophe que Leibnitz ou Descartes. Au reste, il y a entre les idées que je viens d'exposer et celles que défend Leibnitz dans ses écrits sur le droit, plus d'un trait de ressemblance.

Ces idées, avec le caractère abstrait que le publiciste italien leur a laissé jusqu'à présent, appartiennent plus à la métaphysique et à la morale qu'à la jurisprudence; mais appliquées aux rapports de l'homme avec ses semblables, elles deviennent la seule garantie de la société, le principe unique de la science du droit, et des règles auxquelles doivent obéir tous les systèmes de législation et de politique.

La société, selon Vico, résulte d'un double besoin, l'un spirituel et l'autre matériel. L'homme, dans un état d'ignorance et de faiblesse morale où nous le voyons tombé, jouet de l'erreur et de ses propres passions, ne pouvant se suffire à lui-même pour élever son âme à l'amour du bien et à la connaissance du vrai, est forcé d'ajouter à sa propre raison la raison de ses semblables, communiquée par la parole. Voilà le premier besoin qui a donné naissance à la société, le besoin spirituel, qui, bien que très obscur pour le grand nombre, n'en est pas moins le plus important et le plus essentiel à notre nature; car il répond à la fin même pour laquelle nous avons été créés. Mais le perfectionnement de notre âme et la culture de notre raison ont pour condition notre conservation, et notre conservation à son tour dépend du triomphe de nos forces sur les forces aveugles de la nature. Or, pour atteindre cet autre but, l'homme n'est pas moins incapable de se suffire à lui-même et de se passer du secours de ses semblables que pour atteindre le premier. Voilà la seconde nécessité qui a donné naissance à la société, la seconde en importance quoique la première en date; la nécessité physique, le besoin matériel. La société, à la considérer dans son ensemble, peut donc être définie un échange de services à la fois matériels et spirituels, un échange de biens dont les uns s'adressent à l'âme et les autres au corps. La règle ou la proportion suivant laquelle ces biens doivent être distribués, voilà ce qui constitue la justice ou le droit.

Si cette proposition est vraie, si la société embrasse à la fois les âmes et les corps, et si le droit est la règle suprême de la société, ou la mesure suivant laquelle elle doit répartir, entre ses membres, tant les biens spirituels que les biens matériels, il faut rejeter tous les systèmes qui font dériver le droit, ou de l'intérêt, comme celui d'Épicure, ou de la peur comme celui de Hobbes, ou de la nécessité comme ceux de Machiavel et de Spinosa. Quand même, d'ailleurs, la société ne serait qu'un échange de biens matériels, il resterait toujours l'ordre, la proportion, la mesure suivant lesquels ces biens devraient être répartis, et ces idées sont de leur nature universelles et immuables. L'intérêt et la nécessité peuvent être les occasions qui développent chez les hommes la conscience du droit; car, lorsqu'on souffre de 'iniquité, rien de plus naturel que de se réfugier sous les ailes de la justice, mais les occasions qui éveillent dans notre esprit l'idée du bien et du vrai, ne sont pas cette idée elle-même; par conséquent, l'intérêt et la nécessité ne sont pas le droit. Qu'est-ce donc si la société, indépendamment des intérêts et des besoins matériels, embrasse aussi les intérêts et les besoins spirituels, si elle a pour but le perfectionnement de notre raison et de notre volonté, aussi bien que la conservation de notre vie et l'accroissement de notre bien-être?

La société ayant réellement cette double destination, l'échange des biens de la pensée et celui des biens du corps, ou simplement l'échange du vrai et celui du bien, est nécessairement soumise à ces deux règles fondamentales d'où découlent toutes les autres, et qui sont comme les deux colonnes du droit : 1° agis avec bonne foi, c'est-à-dire respecte la vérité en toutes choses, dans tes paroles comme dans tes actions; vis selon la vérité, ou plutôt de la vérité; 2° sois utile à tes semblables, et à plus forte raison, abstiens-toi de leur nuire; en un mot, aime ton prochain.

Ces deux maximes sont étroitement liées l'une à l'autre, car si nous commençons par outrager ou par dédaigner la vérité, si nous manquons de sincérité envers les autres et envers nous-mêmes, uniquement attentifs à ce qui peut flatter nos désirs, comment pourrons-nous connaître et pratiquer la justice? comment serons-nous capables, non seulement de respecter les droits d'autrui, mais de lui faire le sacrifice de nos intérêts? D'un autre côté, celui qui s'abandonne à l'iniquité et à la violence ne peut respecter la vérité ni dans ses actions, ni dans ses paroles, ni dans sa conscience.

Aussi, la raison seule a-t-elle suffi pour enseigner aux hommes ces deux règles de conduite. Les sages du paganisme, les philosophes de la Grèce les ont tous connues, et les jurisconsultes romains les ont considérées comme la base de leur œuvre, car en recommandant de vivre selon la vertu, *honeste vivere*, ils n'ont pas entendu autre chose qu'une vie fidèle à la bonne foi ou à la vérité; et les deux autres préceptes qu'il nous ont laissés, l'un qui défend de faire tort à son prochain, *neminem lædere*, et l'autre qui ordonne de rendre à chacun ce qui lui est dû, *suum cuique tribuere*, sont évidemment renfermés dans cette maxime unique : aime ton prochain.

Mais ce n'est pas assez pour Vico d'exprimer l'idée de la justice ou du droit en général, sous la forme de ces deux commandements. Il veut, pour leur donner plus de force, qu'on y joigne le principe chrétien de la charité, fondé tout à la fois sur la fraternité des âmes, toutes filles de Dieu, et sur la fraternité du sang qu'attestent les récits de la Genèse et l'histoire de notre premier père.

La charité, selon la pensée de Vico, n'est qu'une expression plus élevée de la justice, ou n'est que la justice même prise à sa source, c'est-à-dire dans l'amour divin. Car si nous aimons

Dieu d'un amour sincère et intelligent, nous aimerons à cause de lui tous les êtres créés à son image, c'est-à-dire tous les hommes, et si nous aimons réellement les hommes, non seulement nous nous abstiendrons de leur nuire, mais nous emploierons toutes nos facultés à les servir; et nous les servirons tout autant dans leurs intérêts et dans leurs besoins spirituels, que dans leurs intérêts et leurs besoins matériels; nous voudrons leur procurer la vérité et la vertu aussi bien que le bien-être. Voilà au fond ce que signifient, quand on les interprète dans un esprit chrétien et même purement philosophique, ces paroles du jurisconsulte païen : *Suum cuique tribuere*, donne à chacun ce qui lui est dû; car ce qui est dû, ce qui appartient à chacun en particulier, c'est ce qui est nécessaire à la perfection de tous, c'est la vérité, c'est le bien, c'est l'usage des choses matérielles sans lesquelles on ne saurait atteindre à ces perfections spirituelles. Mais en réclamant pour nous ces avantages, il faut que nous restions fidèles à nos obligations envers les autres[1].

---

1. P. 256, ch. LVII. *Suum complectitur omnia quæ sunt mentis omnia quæ sunt animi quatenus aliqua colendæ societatis humanæ obligatione afficiantur.*

La restriction que Vico apporte à son propre principe, la précaution qu'il prend, en confondant la justice avec la charité, de renfermer la charité elle-même dans les limites de nos devoirs envers la société, est de la plus grande sagesse; elle le met à l'abri des plus dangereuses conséquences : mais elle n'a pu les lui épargner toutes. De l'obligation où nous sommes d'aimer notre prochain, il fait sortir deux prétendus droits, dont l'un est au moins douteux, et dont l'autre, manifestement chimérique, peut donner lieu aux applications les plus funestes. « Il y a, dit-il, un droit de suprême nécessité qui me permet, malgré vous, de vivre de ce qui vous appartient, si je ne possède aucun autre moyen d'entretenir et de conserver ma vie, et il y a un autre droit de jouissance innoffensive qui me permet, malgré vous, d'user de votre bien et même d'en abuser, si cet usage ou cet abus tourne à mon profit sans vous causer aucun dommage[1]. »

De ces deux prétendus droits, le dernier même, malgré son air d'innocence, est extrêmement contestable, au moins tant qu'il n'aura pas été

1. P. 254, ch. LI.

défini d'une manière plus précise; car, dès qu'on se sert de mon bien malgré moi, on ne s'en sert pas d'une manière inoffensive, puisqu'on est obligé de me faire violence, ou de contrarier au moins ma volonté, mes désirs. D'un autre côté, qu'est-ce que devient ma propriété, quand un autre en peut disposer aussi bien que moi et malgré moi? Enfin, à moins d'être atteint de folie, quel est celui qui interdirait aux autres de jouir de son bien d'une manière qui ne peut lui faire aucun tort? Par exemple, quel est celui qui défendrait ou qui pourrait défendre aux passants de respirer les parfums de son jardin ou de s'éclairer du phare qui brille sur son toit? Le moindre défaut de cette seconde proposition est d'être équivoque. Mais la première est parfaitement fausse et renferme en elle les plus déplorables conséquences. La charité est essentiellement distincte du droit. La charité ou l'amour de mes semblables par l'amour divin est une perfection, c'est-à-dire un devoir envers Dieu et envers moi-même, dont je ne dois compte qu'à ma conscience, qui est laissé entièrement à ma liberté, et qui même disparaît dès qu'il cesse d'être absolument libre. On ne peut me contraindre à un acte charitable sans substituer au sacrifice volontaire dont il tire tout son mérite, une œuvre de violence et de spoliation. Puis, jusqu'où doit s'étendre le dénûment pour qu'il donne le droit de prendre le bien d'autrui? Le dénûment n'est-il pas proportionné à notre ambition et à nos désirs? Enfin, si j'ai assez de force pour m'emparer violemment du bien d'autrui, puisqu'il s'agit ici d'en jouir malgré lui, pourquoi n'en aurai-je pas assez à donner au travail?

Vico, heureusement, n'insiste pas sur cette erreur. Il n'essaie pas, comme Domat, chez qui on la rencontre aussi, d'en faire une maxime de gouvernement, un principe du droit public. Après avoir un instant compromis le caractère de la justice, en voulant l'élever trop haut et l'étendre trop loin, il lui rend bientôt son autorité et sa force.

Il reconnaît avec Aristote que la justice a deux attributions principales : celle de maintenir l'égalité des droits entre tous ceux qui sont soumis aux mêmes devoirs; celle de proportionner les récompenses au mérite et les châtiments aux fautes. Dans le premier cas, fondée uniquement sur la réciprocité ou sur l'égalité *(æquitas, æquum bonum)*, elle sert de base au droit civil. Dans le second, désignée sous le nom de justice distributive et assimilée à une proportion géométrique, elle est la règle du droit pénal. Vico nous fait connaître successivement les principes qui doivent diriger et qui dirigent naturellement ces deux parties du droit, en commençant par le droit pénal.

La souffrance comme châtiment de la faute, comme conséquence de la violation du droit, la pénalité en un mot est dans la raison et dans la nature, par conséquent dans la volonté et dans la sagesse divine. La première forme sous laquelle elle se manifeste, c'est le remords ou le repentir, selon la gravité du mal que nous avons commis avec intention. Or, qu'est-ce que le remords? Qu'est-ce que le repentir? C'est notre âme, notre nature raisonnable et libre, humiliée et blessée par sa propre déchéance. Aucune peine n'est plus efficace, plus infaillible que celle-là, ni mieux proportionnée à la faute qui la provoque. Mais avec l'habitude de mal faire, elle s'émousse, et en son absence la société est compromise. Il faut donc qu'à cette peine intérieure et toute spirituelle, la loi humaine ajoute une peine extérieure et matérielle. Telle est la raison véritable du droit pénal. Il est impossible, sans lui substituer la vengeance et l'arbitraire, de lui trouver une autre cause.

De là plusieurs conséquences importantes qui nous montrent dans quelles limites et dans quelle mesure doit s'exercer le droit de punir : 1° puisque ce droit n'existe que pour la défense de l'ordre social, il ne doit atteindre que les actions dont la société peut avoir à souffrir, les actions qui nuisent aux autres, et non celles qui ne blessent que le coupable lui-même, ou qui se renferment dans le cercle de son existence personnelle ; il ne s'étend pas à la paresse, à la prodigalité, à la débauche non accompagnée de violence, et bien moins encore à des fautes intérieures, comme l'erreur, le doute, les mauvais penchants, fautes toujours punies naturellement par leurs propres conséquences ; 2° puisque la peine extérieure doit remplacer autant que possible la peine intérieure, la peine spirituelle que nous inflige notre propre conscience, il faut qu'elle s'efforce d'atteindre le même but et de revêtir le même caractère, il faut qu'elle vise à amender le coupable quand le coupable laisse encore une espérance de retour ; 3° enfin, quand cette espérance est perdue, quand la société n'a plus qu'à s'occuper d'elle-même, elle doit songer, non pas à se venger, mais à se défendre, non pas à satisfaire la vindicte publique, comme on dit généralement, mais à faire un exemple capable de la protéger contre le même crime, en empêchant d'autres coupables d'imiter celui qui est tombé entre ses mains. Tout ce qui est propre à produire cet effet, elle a le droit de le faire. Tout châtiment qui va au delà est une usurpation de puissance, un acte arbitraire.

La plupart de ces principes avaient déjà été enseignés auparavant par Grotius et par Locke ; mais nulle part, si ce n'est dans le *Gorgias*, ils n'ont été développés avec cette élévation morale. Encore Platon, dans le *Gorgias*, n'a-t-il embrassé la question que sous un seul point de vue : l'amendement du coupable par l'expiation. Vico, en s'occupant du coupable, ne néglige pas les droits et les intérêts de la société.

Il a commencé par le droit pénal, parce que les lois qui en découlent sont une des conditions essentielles de l'existence de la société, hors de laquelle l'idée même du droit ne peut se concevoir. Mais il a hâte de quitter ce terrain pour s'occuper longuement du droit civil, ou des principes naturels qui doivent lui servir de base.

Le droit civil, selon Vico, est contenu tout entier dans ces trois choses : la liberté, la propriété *(dominum)* et le droit de tutelle, par lequel il entend non seulement la tutelle proprement dite, le droit de protéger les faibles, les mineurs que la nature, le devoir ou la société nous confient, mais le droit de se protéger soi-même et ses biens, le droit de légitime défense, le droit de repousser la force par la force, le droit d'intenter une action en justice.

Ces droits, dès qu'on les reconnaît, ne peuvent pas se concevoir l'un sans l'autre et forment, dans leur union, la personne civile. Sans la liberté, point de propriété; de même que, sans la propriété, point de liberté, car si on ne s'appartient pas à soi-même, comment autre chose pourrait-il vous appartenir? Et si rien ne nous appartient, si nous n'avons l'usage d'aucune des choses qui nous sont utiles ou nécessaires, comment peut-on dire que nous soyons libres et maîtres de notre personne, comment pourrions-nous, dans cet état, avoir des obligations à remplir et des droits à faire valoir? Enfin, que deviennent et la propriété et la liberté si, dans l'état de nature, je n'ai pas le droit de les défendre en repoussant la force par la force, et si, dans l'ordre social, je n'ai pas le pouvoir de poursuivre celui qui y porte atteinte, ou de les revendiquer contre celui qui, injustement, s'en est attribué l'usage?

Rien de plus profond, de plus philosophique que la manière dont Vico essaie d'expliquer, dans l'ordre naturel, l'existence de ces droits, ou la manière dont il les fait découler de la nature de l'homme. La liberté, première source de toute autorité et de tout pouvoir, c'est le pouvoir ou l'autorité que nous exerçons sur nous-mêmes, sur notre âme et sur notre corps, sur notre intelligence et sur nos forces; c'est, comme le prouve l'étymologie du mot autorité (αυτος ειναι), la faculté d'être soi, la faculté d'être, car, pour contester à l'homme ce pouvoir et pour chercher à le lui ôter, il faudrait vouloir qu'il ne fût pas homme, qu'il ne fût pas lui, qu'il n'eût pas les facultés qu'il possède, qu'il fût sans volonté et sans pouvoir de la volonté sur elle-même, sur notre intelligence et sur notre corps.

Dès qu'on reconnaît, comme un droit naturel de l'homme, comme un droit inné, la liberté, il est impossible de ne pas reconnaître le même caractère à la propriété; car qu'est-ce que la propriété? C'est la domination de l'homme sur les choses, ou la faculté d'en user comme il lui plaît, c'est-à-dire comme il convient à sa nature raisonnable et intelligente. Mais le même pouvoir que la volonté exerce sur nos autres facultés et sur notre corps, nous l'exerçons par le corps sur les choses animées ou inanimées qui peuvent servir à notre fin. Le corps est fait pour obéir, la raison et la volonté pour commander, parce que la raison et la volonté valent mieux que lui. Mais ce que nous disons du corps s'applique aussi bien à toute chose matérielle, et, en général, à tout être incapable de se commander à lui-même; à plus forte raison de commander aux autres, et, par conséquent, né pour servir. La propriété, quand on remonte à sa première source, n'est donc pas autre chose que le droit d'une nature supérieure sur une nature inférieure, d'un être intelligent et libre sur un être privé de raison et de liberté. Si l'on considère cette supériorité comme la véritable force, comme le principe d'une domination légitime et durable, Tacite a eu raison de dire : *In summa fortuna id œquius quod validus.* Dans une condition suprême, comme celle de l'homme devant lui-même, comme celle de l'homme devant la nature, la force, c'est-à-dire la supériorité, fait la justice. C'est ainsi que Vico épargna à son cher Tacite les reproches que pourrait lui mériter une maxime fort peu goûtée de la morale.

Les droits d'une nature raisonnable et libre sur un être privé de la raison et de la liberté, soit pour un temps, soit pour toujours, constituent également le droit de protection exercé par le père sur ses enfants et par le tuteur sur son pupille. Quant au droit de défense, il est la conséquence directe du pouvoir ou de l'autorité naturelle que nous exerçons sur nous-mêmes. Notre organisation tout entière n'est pour ainsi dire qu'une application de ce droit. Nos sens protègent notre corps, nos instincts naturels protègent nos sens; enfin, notre raison domine nos instincts et les contient dans les limites de notre conservation et de notre bien-être, notre raison et notre volonté, notre âme tout entière se protège et se gouverne elle-même.

A chacun de ces droits il faut une consécration extérieure qui en garantisse l'usage, et une mesure, une règle qui l'empêche de dégénérer en usurpation, une limite précise qui le contraigne de s'arrêter devant les droits d'autrui et ceux de la société en général. Tel est précisément le but de la législation et du droit positif, dont il s'agit maintenant d'expliquer la formation par la seule force des choses, *ipsis dictantibus rebus*.

CHAPITRE V

L'histoire.

Les mêmes principes de justice, les mêmes conditions d'ordre social que la philosophie nous enseigne au nom de la raison, qu'elle fait dériver tout à la fois de la nature divine et de la conscience de l'homme, Vico entreprend de nous démontrer qu'ils se développent successivement dans l'histoire, qu'ils se font jour sous l'empire de la nécessité, au milieu des luttes dont se compose la vie des nations. Comment en serait-il autrement? Si la raison, faculté dominante ou attribut essentiel de notre nature, marque de son empreinte et pénètre de son influence toutes nos autres facultés, et si les règles de la justice, si les principes du droit sont autant de lois immuables de la raison, il nous sera impossible de trouver le calme et le repos tant que ces règles et ces principes n'auront pas été satisfaits, il nous sera impossible d'accepter un état de choses, un système de législation ou une organisation politique où ils paraîtront manifestement violés. D'ailleurs, les institutions et les lois qui se trouvent dans ce cas travaillent sourdement à leur propre ruine.

Vico, en raison de cette idée, qui est parfaitement d'accord avec le bon sens et avec les faits, ne peut pas admettre avec Hobbes, avec Locke et avec la plupart des philosophes du xviiie siècle, que la société soit le résultat d'un contrat, c'est-à-dire un état de pure convention, tandis que la vie sauvage serait notre état naturel. Il croit seulement que la société s'est formée lentement, par degrés, sous la double influence de la raison et de la nécessité, de l'instinct et de l'intelligence, et qu'elle a été précédée, pour la majorité du genre humain, d'une condition analogue à la vie sauvage, mais plus honteuse encore et plus violente, privée même de ce commencement d'organisation qu'on a rencontré, il y a trois siècles, chez les peuplades du Nouveau Monde. Cette condition était celle où les hommes se laissèrent tomber par leur faute, en cédant à leur orgueil et à leurs passions, après le déluge universel raconté par Moïse. Voici, en résumé, le sombre tableau que Vico en a tracé, d'abord dans son *Traité du droit universel*, ensuite, avec des couleurs encore plus noires, dans les deux éditions de la *Scienza nuova*. Il diffère peu de celui que de Maistre, probablement après avoir lu Vico, et sans le nommer, peint à notre imagination dans les *Soirées de Saint-Pétersbourg*.

Les malheureux, qui s'étaient ainsi mis en révolte contre Dieu, vivaient isolés les uns des autres, au milieu des forêts, à la manière des bêtes fauves, sans religion, sans famille, sans asile pour eux-mêmes, sans tombeaux pour leurs morts, dont la faim les portait souvent à dévorer les cadavres; enfin, privés même de l'usage de la parole, *mutum et turpe pecus*. Au milieu de cet épouvantable chaos, la force toute seule pouvait fonder quelque chose qui ressemblât à un rudiment de société. La force prit la place du droit. Elle obligea le faible à travailler pour le fort, elle lui fit creuser les premiers sillons et construire les premières demeures. C'est même de là que vient le mot condition, parce que la première loi que le fort imposa au faible, était la construction ou la fondation [1] de ces grossiers édifices. La force, en substituant le rapt à la promiscuité, et en rendant pour ainsi dire le rapt continu, en conservant les femmes enlevées aux forêts dans ces maisons cyclopéennes dont nous venons de parler, la force introduisit une sorte de mariage, et avec le mariage un commencement de famille; car certain que sa femme n'appartenait qu'à lui; ce premier maître des hommes, ce cyclope était également sûr de ses enfants, et il conçut naturellement le désir de leur transmettre, sinon à tous, au moins à quelques-uns, au moins à l'un d'entre eux, ses esclaves, sa maison et son domaine. Ainsi naquit avec la famille l'hérédité, avec l'hérédité la division des terres, par conséquent la propriété dans le sens le plus énergique du mot, la domination absolue du maître sur tout ce qui lui appartient, hommes et choses, le *dominium*.

Telle fut, selon Vico, l'œuvre de la force. Mais

---

[1]. En latin *condere*.

à la force ainsi constituée, à la force assurée de
ses conquêtes et devenue la cause d'un certain
ordre au sein de la confusion générale, vint bientôt se joindre une autre puissance, dont le siège
est uniquement dans l'âme. Sortis des voies de
la vraie religion, les hommes restèrent en proie
à la superstition la plus sombre et la plus tyrannique. Dans chacun des phénomènes de la nature, ils crurent reconnaître les promesses ou les
menaces d'un être invisible et tout-puissant sur
leurs destinées, d'une divinité jalouse et irritée;
ils s'efforcèrent de découvrir ses desseins par les
augures et les aruspices, en un mot par la divination, et à conjurer sa colère par des sacrifices,
des prières, des cérémonies, qui associèrent la
pensée de la puissance divine, mais malheureusement des faux dieux, à tous les actes importants de la vie. C'est ainsi que la religion, ou
comme on voudra l'appeler, que la superstition
fut appelée à bénir ou du moins à consacrer les
mariages, à prendre sous sa sauvegarde les tes-
taments, c'est-à-dire les dernières paroles du tes-
tateur, et à présider à l'inhumation des morts,
en associant à ce pieux devoir l'espérance de la
vie future; car l'institution de la famille, là où

elle existait, donnant à chacun les moyens de reconnaître les siens, les cadavres n'étaient plus, comme autrefois, abandonnés à la pâture des bêtes ou des hommes qui leur ressemblaient.

Mais quels étaient ceux qui venaient de faire ce nouveau pas dans les voies de la sociabilité, de l'existence véritablement humaine? Les mêmes qui jouissaient déjà des conquêtes en quelque sorte morales de la force, les mêmes qui avaient une maison, un patrimoine, une femme, qui connaissaient leur descendants et leurs aïeux. Le maître, le propriétaire, le chef de la famille devient donc, en outre, l'interprète des dieux, le sage qui comprend leurs desseins et qui devine l'avenir par le vol des oiseaux, par les entrailles des victimes récemment immolées. Il a dans la maison un autel sur lequel il sacrifie, et sur ses terres un bocage ou un bois sacré dans lequel il pratique l'art des augures. Le conquérant devient un demi-dieu, le cyclope un héros; à l'âge de la force vient succéder celui de la force et de l'imagination, de la force et de la superstition tout ensemble. Hercule, Orphée, Thésée, ces premiers bienfaiteurs du genre humain, qui, en même temps qu'ils purgeaient la terre des monstres, c'est-à-dire des passions féroces dont elle était la proie, lui ont fait connaître le culte des dieux et l'art de la parole, ne doivent être considérés ni comme des personnages fabuleux ni comme des êtres réels. Ce sont des symboles, ou, comme nous dirions maintenant, des mythes qui nous représentent les œuvres particulières de cette période de notre histoire.

L'âge héroïque est remplacé à son tour par le patriciat, c'est-à-dire par une société plus générale et plus durable, formée de deux classes radicalement distinctes et profondément inégales : les patriciens et les plébéiens ou les patrons et les clients. Voici comment, selon Vico, cet ordre de choses a pris naissance : Même après les deux révolutions dont nous venons de parler, il était encore resté au fond des bois une tourbe muette et stupide, abandonnée à toutes les horreurs de la faim et aux conséquences violentes de l'état de bestialité. Apprenant qu'il y avait à quelque distance de leurs repaires des êtres supérieurs, puissants par leurs richesses et leurs forces, sages, puisqu'ils imposaient à leurs passions la règle du mariage; doués d'une science surnaturelle, puisqu'ils prévoyaient l'avenir et communiquaient avec les dieux, ces misérables ne devaient pas manquer d'aller chercher auprès d'eux un remède à leur ignorance et à leur faiblesse, un abri et une pâture assurés. Ils devinrent les clients de ces grands, de ces forts, de ces demi-dieux, qui leur accordèrent ce qu'ils demandaient, mais en les courbant sous un joug de fer, en leur imposant les plus rudes labeurs, en les forçant de cultiver leurs domaines, et en les tenant enchaînés pour leur service comme des animaux domestiques. Les clients devinrent des colons, des serfs, et les demi-dieux des seigneurs terriens, des patrons, des patriarches, souverains absolus, au milieu de leurs possessions, de leurs enfants, de leurs esclaves et de leurs serviteurs. Ce sont toujours ces attributions que l'on comprenait d'abord sous le titre majestueux de *Pater familias*.

Il faut voir avec quelle érudition, et en même temps avec quelle subtilité Vico fait servir à la démonstration de ses idées quelques-unes des expressions du droit romain en général, et particulièrement de la loi des Douze Tables. Ces clients, ces esclaves attachés à la glèbe et retenus sur le domaine du maître par une chaîne véritable, ce sont les *débiteurs* dont il est si souvent question dans les premiers temps de l'histoire romaine, ou les *nexi* : *débiteurs*, parce qu'ils ne possédaient rien à eux, pas même leur travail, réclamé impérieusement par leurs maîtres; *nexi*, parce qu'ils étaient enchaînés, non par la force morale d'une dette, d'une obligation contractée volontairement, mais par des liens matériels. La puissance sous laquelle ils étaient venus se réfugier, ce n'était point, comme nous le croyons, la bonne foi, *fides*, la protection que le fort doit au faible, le grand au petit, mais la force matérielle, et l'instrument matériel, le signe extérieur de cette force, la corde, le nerf avec lequel on brise toutes les résistances, ce qui, dans l'enfance de la langue latine, prenait le nom de *fides* comme la corde d'une lyre.

Si dure que fût cette condition, elle valait encore mieux, elle était plus rapprochée de l'humanité et de la justice que la vie dans les bois avec ses abominables souillures. Un temps arriva cependant où le sentiment de leur servitude et de leur misère s'éveilla dans le cœur de tous ces opprimés. Les clients, lassés de travailler pour le profit d'autrui, et irrités des mauvais traitements qui étaient leur unique salaire, osèrent lever les yeux sur leurs implacables maîtres, et, frappés de leur petit nombre, tendirent les bras les uns vers les autres. Ainsi se forma, des clients réunis, animés par un sentiment commun et commençant à se concerter pour leur délivrance, la classe bientôt si redoutable des plébéiens. De leur côté, les chefs de famille, obligés de se liguer entre eux pour maintenir sous le joug leurs esclaves près de se révolter, composèrent la classe des patriciens. Mettant en commun leurs intérêts, leur orgueil, leurs forces et leur courage pour défendre leur domination menacée, et, avec leur domination, leurs familles et leurs patrimoines, ils fondèrent à leur seul profit la société civile, très justement nommée, relativement à eux, la chose publique *(res publica)*.

En se considérant individuellement les uns par rapport aux autres, les patriciens, dans ce nouvel ordre de choses, s'attribuèrent des droits égaux et passèrent du rang de seigneurs indépendants à celui de citoyens; mais, pour réussir dans la pensée qui les avait réunis, pour se défendre tous ensemble contre la plèbe ameutée ou contre d'autres violences venues du dehors, ils furent obligés de se soumettre à un pouvoir souverain chargé d'exécuter la volonté souveraine, c'est-à-dire la volonté de la nation, la volonté qui émane directement ou indirectement de l'universalité des citoyens, et qui se traduit par la loi.

Nous parlerons tout à l'heure des diverses formes et des différentes conditions de la souveraineté, ou plutôt des différentes espèces de gouvernements et des conséquences qui, selon Vico, résultent de chacune d'elles; occupons-nous en ce moment de la loi, ou, pour me servir d'une expression plus exacte, de la législation entière qui a pour but de régler les rapports des citoyens entre eux; occupons-nous du droit civil, non tel qu'il existe éternellement dans la raison, mais tel qu'il a existé dans le premier code écrit.

Il est évident, d'après tout ce que nous venons de dire, que les droits civils reconnus par les premières lois n'étaient que des privilèges établis au profit des patriciens, et dont eux seuls devaient jouir à l'exclusion de la plèbe. Eux seuls, par conséquent, possédaient les avantages de la liberté, de la propriété, et le droit de tutelle : car on se rappelle que, selon la doctrine de Vico, c'est dans la consécration de ces trois biens que se résume tout le droit civil, et par conséquent toute législation qui a pour but de promulguer ce droit. Mais la liberté, la propriété et le droit de tutelle sont inséparables de notre nature : ils prennent leur origine dans les principes les plus profonds et les plus invariables de notre âme. Donc, tant qu'il y a une classe d'hommes à laquelle ils sont refusés, la société sera agitée jusque dans ses fondements : car le spectacle seul de ces droits chez les autres suffit pour en réveiller en nous le besoin irrésistible. C'est précisément ce qui est arrivé dans la société romaine et dans toute société établie sur les mêmes bases, par exemple dans la société féodale du moyen âge, qui n'est qu'un retour, ou, pour me servir de la langue de Vico, un *ricorso* vers l'antique patriciat du Latium. Les plébéiens combattirent avec tant de vigueur et de persévérance contre le système d'oppression qui pesait sur eux, que peu à peu ils conquirent la faculté de disposer de leurs personnes, la sainte liberté, la faculté de posséder eux-mêmes des terres romaines, la propriété sous sa forme la plus noble, et enfin, par le *connubium*, la dignité de chefs de famille, par conséquent le droit de tutelle, tous les droits du citoyen, garantis et complétés par l'exercice des plus hautes dignités de l'État. Où s'accomplit cette transformation, cette victoire de l'homme sur la bête, de la raison sur les passions, de la justice sur le fait et sur l'habitude? Est-ce à Rome seulement? Non : c'est dans toute l'Italie, admise au partage des droits de citoyen romain ; c'est dans le monde entier, dans le monde civilisé, placé, à l'époque des empereurs, sous l'autorité des lois romaines, régénérées à la fois par la sagesse impartiale des derniers jurisconsultes païens et par l'influence naissante du christianisme.

Ainsi se forma un droit civil écrit à l'usage de tous les hommes, ou, pour me servir des expressions mêmes de Vico, un droit naturel des nations parfaitement distinct du droit naturel des philosophes. Celui-ci est une pure théorie qui, si vraie qu'elle puisse être, ne s'adresse qu'à la pensée, à la méditation. Celui-là, au contraire, est un fait, une puissance réelle, qui agit non par des idées, mais par des formules universellement admises, et qui s'est développé sous l'empire de la nécessité.

Les mêmes faits et les mêmes causes donnèrent

naissance à un droit universel des gens. La force toute seule fut mitigée par le droit fécial, qui n'était pas à proprement dire un frein contre l'abus de la puissance, mais un moyen offert à la faiblesse de pactiser avec elle et de se soustraire aux conséquence extrêmes de la guerre. Le droit fécial n'était que la réunion des formules, d'abord extrêmement naïves, par lesquelles on mettait son ennemi dans l'alternative, ou de réparer ses torts, ou de se préparer à la lutte. Au droit fécial se substitua bientôt ou se joignit l'arbitrage que la nation la plus puissante, que les Romains, par exemple, exercèrent sur les autres. En même temps que la domination et la conquête furent mieux organisées, les conséquences de la guerre perdirent de leur rigueur; les vaincus furent des sujets et non plus des esclaves. Enfin, les nations les plus faibles apprirent à se réunir contre les plus fortes, le principe de la confédération, représenté d'abord par la ligue Achéenne, apprit aux peuples et aux souverains à former entre eux une société plus générale que la cité! J'ai à peine besoin de dire que dans la formation de cette société nouvelle, Vico distingue les mêmes degrés que dans celle des nations elles-mêmes.

Après nous avoir expliqué la naissance du droit civil et du droit des gens, Vico entre dans quelques considérations sur le droit politique. Je ne m'arrêterai qu'à celles qui nous présentent un caractère particulièrement original, et qui nous offrent le plus d'analogie avec les idées de Montesquieu.

Distinguant avec raison les gouvernements simples des gouvernements mixtes, Vico, ainsi que Montesquieu, ramène les premiers à trois, mais ce ne sont pas les mêmes que reconnaît l'auteur de l'*Esprit des lois*. Le pouvoir d'un seul, le pouvoir de plusieurs, mais du plus petit nombre, enfin le pouvoir de la majorité ou de l'universalité des citoyens, voilà pour lui ce qui donna naissance aux trois formes de gouvernement les plus générales et les plus simples, à la monarchie, à l'aristocratie et à l'État libre, *respublica libera*. Le despotisme n'est pas une forme particulière de gouvernement, mais une manière particulière de gouverner et de régner, ou si l'on veut, un état particulier de la royauté. Au reste, la royauté admet aussi d'autres conditions : il y a la royauté héroïque des anciens Grecs, et particulièrement des Spartiates, qui faisait du roi le pouvoir exécutif, le mandataire et l'interprète de l'aristocratie. Telle était aussi la royauté chez les premiers Romains. Outre la royauté despotique et la royauté héroïque, il y a la monarchie civile, résultat d'une transaction entre l'autorité royale et la majorité des citoyens.

Ainsi que Montesquieu, Vico distingue de la forme des gouvernements le fait qui leur a donné naissance, et le principe qui les fait agir ou sur lequel ils fondent leur force et leur durée. Le principe qui a donné naissance à l'aristocratie, c'est, comme nous venons de le voir, le besoin, la faim et la misère. Une multitude affamée, ignorante et faible, est venue se réfugier auprès des riches, des forts, des propriétaires du sol, et leur a donné en échange d'un asile, d'une nourriture assurée, son travail et sa liberté. Elle est devenue un troupeau de serfs attachés à la glèbe, cultivant les terres de leurs patrons devenus leurs maîtres.

Ce qui a donné naissance à la monarchie, c'est la guerre, soit la guerre civile, soit la guerre étrangère. C'est pour avoir un chef contre les plébéiens, que les premiers patriciens se sont donné un roi, mais c'est pour résister à la force étrangère que les Spartiates se sont organisés militairement sous le commandement de deux rois, descendants des deux dynasties. Enfin, c'est également pour résister aux invasion étrangères, ou par suite de ces invasions mêmes que les Orientaux se sont réunis en nations innombrables, sous le commandement d'un roi absolu.

Ce qui a donné naissance aux États libres, c'est le sentiment du droit et de l'égalité : *œqui boni*.

Quant au principe sur lequel repose chacun de ces trois états, celui de l'aristocratie, c'est la puissance des mœurs et des coutumes, bien plus que celle des lois. Il faut que l'inégalité soit entrée, par l'habitude, jusqu'au fond des âmes et qu'elle soit maintenue par la tradition : de là une législation qui est tout un exemple, et qui n'a pas besoin d'être écrite ; de là cette immobilité des sociétés aristocratiques, ce respect pour les mœurs des ancêtres, *mores majorum*. Le patriciat romain marcha à sa perte le jour où il accepta la loi écrite des Douze Tables.

La monarchie absolue repose sur l'arbitraire, qu'elle s'efforce de rendre imposant en le plaçant sous la protection de la loi divine et en se donnant elle-même pour une émanation de la divinité.

Enfin, les lois seules sont le fondement des États libres, parce que les lois n'y sont pas autre chose que la volonté ou les ordres du peuple tout entier, de l'universalité des citoyens. Du jour où une autre volonté pourrait se substituer à celle du peuple, celui-ci aurait un maître, la liberté serait étouffée dans son sein.

Les lois valent mieux que les coutumes, ajoute Vico, mais les coutumes sont plus durables que les lois; voilà pourquoi les aristocraties durent plus longtemps que les sociétés démocratiques. Les lois et les coutumes valent mieux les unes et les autres que l'arbitraire ou le pouvoir absolu.

Chacune de ces trois formes de gouvernement est dans la nature; elle répond à un certain caractère des peuples, et tant que la cause qui l'a fait naître subsiste, elle est légitime. La condition générale de sa légitimité est qu'elle donne l'autorité aux plus sages, aux plus vertueux et aux plus influents. Ainsi, la domination des patriciens était juste, tant que les patriciens occupaient le premier rang parmi leurs contemporains, tant qu'eux seuls étaient dépositaires de ce qu'il y avait de science, de sagesse, de vertu, de puissance parmi les hommes. Mais aussitôt que ce nom est devenu un vain titre, un privilège héréditaire qui ne répondait à aucune supériorité réelle, le patricien a fait place à un autre régime politique. Ainsi, encore en Orient où des peuples efféminés sont incapables de veiller sur eux-mêmes, et ne demandent pas mieux que de courber la tête sous la verge d'un maître, la monarchie absolue est à sa place. Enfin, il faut la liberté, et avec la liberté l'égalité civile, aux peuples assez éclairés pour comprendre ces avantages et assez braves pour les défendre. Mais Vico ne confond pas l'égalité civile avec l'égalité politique. Même dans une démocratie, il y a une classe plus éclairée et plus vertueuse que les autres, et c'est à elle que doit appartenir l'exercice du pouvoir.

Quand un gouvernement n'est plus en rapport avec les mœurs, avec l'esprit, avec le caractère, avec les besoins du peuple chez lequel il a été établi, il tombe naturellement, et aucun artifice de la ruse, aucun miracle de la force ne peut le soutenir.

Telle est, dans son ensemble et dans sa magnifique unité, la doctrine de Vico sur les principes de la politique et du droit, sur le rôle que jouent ces principes dans les sociétés humaines, sur les conditions qui président à leur développement à travers le temps et les événements de l'histoire. Nous ne sommes pas obligés de l'accepter dans tous ses détails. Nous sommes dispensés de croire, par exemple, à cet état de mutisme et de bestialité où l'on nous représente les hommes après le déluge. Si la nature humaine pouvait descendre jusque-là, jamais elle ne se relèverait, et il n'est pas nécessaire de la faire descendre jusque-là pour démontrer les bienfaits de la religion. Mais les fondements sur lesquels cette doctrine repose et la méthode sur laquelle elle est établie sont incontestables. La méthode de Vico est supérieure à celle de Bossuet et à celle de Herder. Elle est supérieure à celle de Bossuet, parce qu'elle est plus grande, parce qu'elle s'élève au-dessus du fatalisme historique, sans méconnaître l'influence des lois générales. Elle est supérieure à celle de Herder, parce qu'elle ne se perd pas dans l'infini et ne fait pas l'âme humaine esclave de la nature. Mais appliquée uniquement à l'étude du droit et des lois, elle donne lieu au reproche, du côté de la raison, de tomber dans un excès d'abstraction et, du côté de l'histoire, de tomber dans un excès contraire, ou de se montrer trop uniquement préoccupée des destinées et des lois du peuple romain. Aussi Vico est-il à peine connu, non seulement des jurisconsultes, mais des philosophes; tandis que Montesquieu, qui a fondé comme lui les principes du droit sur l'autorité de l'histoire, est en possession d'une gloire universelle et aussi jeune que le jour où elle a brillé, pour la première fois, à l'horizon du xviii° siècle.

LIVRE III

MONTESQUIEU

En traçant le portrait d'un de nos plus célèbres romanciers, un écrivain soutenait dernièrement que l'esprit d'un homme était, en grande partie, sa vie, réfléchie dans sa pensée et de sa pensée dans ses œuvres. Cette doctrine ne tend à rien moins qu'à nier la liberté humaine et à faire de notre intelligence, de notre âme tout entière, l'écho passif des événements extérieurs. Aussi n'est-il pas moins contraire à l'histoire qu'au témoignage direct de la conscience. Mais, pour juger par un seul trait combien elle est fausse, il suffit de l'appliquer aux deux hommes illustres que la nature de leurs idées et le siècle où ils ont vécu nous forcent de rapprocher l'un de l'autre : je veux parler de Vico et de Montesquieu. L'existence de Vico a été une des plus malheureuses que nous présente l'histoire de la philosophie et des lettres, pourtant si riche en nobles infortunes et en douloureux martyrs. Poursuivi, comme il le disait lui-même, par la misère, c'est-à-dire le malheur sous sa forme la plus humiliante, depuis la naissance jusqu'à la mort, il s'est nourri des mêmes études et des mêmes pensées ; il a reconnu, dans la succession des événements historiques et dans la marche des législations humaines, la même harmonie, la même régularité, le même empire de la raison que nous signale la main de Montesquieu, un des heureux de ce monde, sur qui la fortune, la nature, la gloire et le génie semblent avoir versé leurs plus précieuses faveurs. Outre cette différence profonde entre leurs destinées, ces deux grands écrivains nous en offrent une autre entre leurs caractères, qui peut être regardée comme une preuve encore plus sensible de l'indépendance de notre esprit, relativement aux circonstances purement matérielles de notre vie. L'auteur de la *Science nouvelle*, quoiqu'il n'eût pas moins à se plaindre de l'injustice et de l'aveuglement des hommes que de la cruauté du sort, n'a jamais prononcé une parole de blâme contre la société. Il est mort en bénissant la Providence et en rendant grâce à la tardive aumône d'un roi étranger qui épargnait à sa vieillesse les horreurs de la faim. L'auteur de l'*Esprit des lois*, comblé, comme je viens de le dire, de tous les dons qui font le bonheur et le lustre de notre existence, a commencé, dans les *Lettres persanes*, par être un juge plus que sévère et des hommes et des institutions de son temps, de ces mêmes institutions dont il tenait la plus grande partie de ses avantages. C'est lui, en effet, qui, mort seulement quatre ans après d'Aguesseau, cette personnification vivante de la tradition du xviie siècle, et témoin des dernières années de ce qu'on appelle le grand règne, a ouvert pour ainsi dire la marche, en portant des coups plus rudes et plus sûrs qu'aucun d'eux, à ces spirituels démolisseurs du siècle dernier, qui ne semblaient trouver la vie et l'inspiration qu'au milieu des ruines. Heureusement, cette œuvre de destruction n'était pas propre à satisfaire les facultés multiples et les besoins ardents de sa riche nature. En même temps qu'il faisait tomber l'édifice poudreux et chancelant qui se dressait devant lui, il jetait les fondations de la maison nouvelle destinée à le remplacer.

CHAPITRE PREMIER

Notions biographiques. — Les *Lettres persanes*.

Je n'ai pas l'intention de retracer la vie de Montesquieu, laquelle, d'ailleurs, est racontée partout, et qui a été, il y a quelques années, de la part de M. Vian, l'objet des recherches les plus minutieuses et les plus exactes. Je veux seulement fournir la preuve que je n'ai point exagéré le contraste de sa condition et du rôle qu'il a d'abord joué comme écrivain, ou la différence de sa vie et de celle du philosophe napolitain qui, au sein de l'obscurité la plus profonde et de toutes les souffrances réunies de l'âme et du corps, parcourait à peu près la même carrière.

Issu d'une famille dont la noblesse remontait

au moins jusqu'au milieu du xvie siècle, et qui tenait à la fois à la cour et au parlement, à la cour des anciens rois de Navarre et au parlement de Guienne ; doublement baron par le château de la Brède où il naquit et qu'il habita longtemps, et par la terre de Montesquieu, il n'était nullement indifférent au prestige qui, alors, environnait ces titres, qui les environne encore aujourd'hui aux yeux du grand nombre, et à la considération dont ils pénétraient pour lui ceux que ne touchaient point ses qualités réelles. Ayant besoin de fortune pour se livrer à ses goûts studieux, pour amasser les matériaux et accomplir les voyages que réclamaient ses grands travaux, il fut doublement comblé des biens de cette espèce. Déjà riche par son père, il le fut bien plus encore par son oncle, qui, le substituant à ses biens et à sa charge, le faisait nommer, à l'âge de vingt-sept ans, président à mortier au parlement de Bordeaux.

Au triple éclat des emplois, de la naissance et de la richesse, il ne tarda pas à joindre celui de la gloire. Il avait à peine vingt ans, quand, cédant à l'esprit nouveau dont lui-même, peut-être alors, ne se rendait pas compte, il composa, en forme de lettres, un ouvrage destiné à prouver que les païens ne méritaient pas la damnation éternelle. Cet ouvrage, qui n'a jamais été publié, lui avait-il été inspiré, comme le prétend M. Walckenaër, par son admiration pour les chefs-d'œuvre de l'antiquité? Il est difficile de le croire quand on songe aux œuvres qui l'ont suivi, et quand on se rappelle que la même thèse est soutenue avec beaucoup de vivacité et de malice dans les *Lettres persanes*. Ces recherches, plus théologiques que philosophiques, ne pouvaient attirer que par leurs témérités un esprit comme le sien. Aussi le voyons-nous, quelques années plus tard, entrer avec la même ardeur dans une carrière toute différente. Bordeaux, à l'instar de Paris, voulut avoir son académie des sciences. Le jeune président à mortier, avec le concours de quelques-uns de ses amis, lui donna cette satisfaction. Il fit plus : devenu un des membres les plus assidus de la nouvelle compagnie, il y lut plusieurs Mémoires sur les *glandes rénales*, sur la *cause de l'écho*, sur la *pesanteur des corps*, sur leur *transparence*. Il conçut même le plan d'une *Histoire physique de la terre ancienne et moderne*, qu'il publia dans les journaux du temps, avec prière à tous les savants de l'Europe de lui envoyer leurs Mémoires et leurs observations sur ce grand sujet. C'était encore l'esprit du xviiie siècle qui s'emparait de lui par une autre de ses applications : la méthode d'observation introduite dans l'étude du monde extérieur, la culture de toutes les branches de la physique et de l'histoire naturelle. Dans le siècle précédent, sous l'influence de la philosophie cartésienne, on s'occupait de préférence de théologie et de mathématiques. La physique elle-même était devenue une partie de cette dernière science. Mais pour observer la nature, une intelligence droite et exercée ne suffit pas, si l'on n'y joint de très bons yeux, et Montesquieu avait la vue non seulement courte, mais faible. Cette infirmité, la seule dont il ait jamais eu à souffrir, augmenta tellement chez lui avec l'âge, qu'à la fin de sa vie il était devenu presque aveugle. C'est ce qui lui faisait dire, quelque temps avant sa mort : « Il me semble que ce qui me reste encore de lumière à mes yeux n'est que l'aurore du jour où ils se fermeront pour jamais. »

Puisque je parle de ce qui lui manquait, je dirai tout de suite qu'il était peu propre aux affaires de sa profession, c'est-à-dire à la procédure, et qu'il ne brillait pas par les facultés qui appartiennent à l'éloquence. Une voix aigre et grêle, un accent gascon porté même au delà des bornes légitimes, et par-dessus tout une facilité extrême à se laisser troubler, l'absence de toute souplesse dans la parole et dans l'esprit, ne lui donnaient pas une attitude très imposante dans les occasions où il était forcé d'improviser et même de lire un discours. C'est par ces motifs, aussi bien que par amour de la liberté, qu'il vendit sa charge, en 1726.

Mais, en dédommagement de ces faibles imperfections, que d'avantages! que de félicité! quelle renommée! En 1721 parurent les *Lettres persanes*, et, quoique cet ouvrage fût publié sans son nom, il devint en un instant le sujet de toutes les conversations, l'objet de l'admiration publique. L'anonyme fut d'abord comme un aiguillon qui irritait la curiosité, et, quand on sut que ce livre si piquant, si malicieux, si frivole dans la forme, si hardi au fond, était celui d'un grave et savant magistrat, d'un président à mortier dans un des premiers parlements de la France, alors le charme fut irrésistible. Les *Lettres persanes* eurent un tel succès, que les libraires, ne pouvant suffire aux demandes, abordaient les passants et les priaient de leur faire des *Lettres persanes*.

Une telle composition aurait dû fermer à Montesquieu les portes de l'Académie française. elle ne l'empêcha pas d'y être reçu, avec ce titre unique, après la mort de Sacy. Il est vrai que ce ne fut pas sans quelque difficulté. Le vieux cardinal de Fleury était premier ministre. Il entendit parler des nudités et des hardiesses contenues dans les *Lettres persanes*, et il jura que l'auteur de cet écrit ne franchirait pas le seuil des immortels. Mais Montesquieu le prit avec lui de haut : il déclara qu'après l'espèce d'outrage qu'on allait lui faire, il irait chercher chez les étrangers, qui lui tendaient les bras, la sûreté, le repos et peut-être les récompenses qu'il aurait dû espérer dans son pays. Ces paroles ne furent cependant pas suffisantes pour fléchir le vieux ministre : il fallut que Montesquieu désavouât quelques-unes des expressions et des pensées de son livre. On va même jusqu'à lui imputer, dans cette circonstance, une supercherie indigne de son caractère : on suppose qu'il fit imprimer une édition expurgée des *Lettres persanes*, à l'usage du cardinal, et que celui-ci, convaincu qu'il avait sous les yeux l'ouvrage authentique, se hâta de lever l'interdit. Mais rien ne prouve que Montesquieu se soit rendu coupable de cette fraude. Quelques regrets et quelques explications, qui, les uns et les autres, pouvaient être sincères, auront suffi à le réconcilier avec l'autorité.

Devenu académicien et homme célèbre, Montesquieu ne s'endormit pas entre ces deux honneurs. Il méditait de plus grands desseins, et, pour les accomplir, il avait besoin de voyager. Il visita les principales contrées de l'Europe. Il trouva à la cour de Vienne le prince Eugène et comme un écho de la politesse et des splendeurs de l'ancienne cour de France. La Hongrie lui offrit le spectacle de la féodalité, encore pleine de force, et lui laissa dans l'esprit de vivants souvenirs, qui lui aidèrent plus tard, dans l'*Esprit des lois*, à expliquer et à peindre ce régime. Les principales villes d'Italie lui firent comprendre la puissance des arts et l'influence qu'ils exercent sur les mœurs. A Venise, il étudia cette oligarchie qui, bien qu'elle ne fût déjà plus qu'un fantôme, laissa une si forte empreinte dans son imagination et dans ses ouvrages. La Hollande lui montra la liberté républicaine, non plus, comme dans l'antiquité, appuyée sur l'esclavage, mais fondée sur le commerce et sur l'industrie. Enfin, en 1729, lié d'une amitié étroite avec lord Chesterfield, il le suivit en Angleterre, qui était alors, pour le continent, une école de politique et de philosophie. Il étudia curieusement tous les rouages d'un gouvernement nouveau pour lui, où la liberté et l'autorité, les droits de l'individu et les privilèges de caste, le peuple, la monarchie et l'aristocratie, avaient trouvé le secret de vivre ensemble dans la plus parfaite intelligence. Après avoir fait dans ce pays un séjour de deux ans, il se retira dans son château de la Brède pour travailler à son traité : *De la grandeur et de la décadence des Romains*. Vingt ans plus tard, après avoir publié quelques autres écrits qui en sont comme les signes avant-coureurs, il fit paraître son dernier ouvrage, celui qui l'a fait vivre jusqu'à nous et qui lui assure une gloire immortelle dans la postérité : l'*Esprit des lois*.

Montesquieu, dans un temps où les opinions, sinon les passions, étaient très ardentes, et où les partis semblaient déjà se compter pour l'avenir, Montesquieu avait beaucoup d'amis et peu d'ennemis. Quoiqu'il eût fourni l'article *Goût*, devenu ensuite l'*Essai sur le Goût*, à l'*Encyclopédie* de Diderot et d'Alembert, il n'était point du parti encyclopédiste, et cependant le parti encyclopédiste se crut obligé de le ménager et de le glorifier. Il se montra assez sévère pour Voltaire, au moins en le considérant comme historien. « Voltaire, disait-il, n'écrira jamais une bonne histoire. Il est comme les moines, qui n'écrivent pas pour le sujet qu'ils traitent, mais pour la gloire de leur ordre. Voltaire écrit pour son couvent. » Malgré cette dure sentence, dure mais en grande partie vraie, Voltaire dit, en parlant de lui et de l'*Esprit des lois :* « Le genre humain avait perdu ses titres; M. de Montesquieu les a retrouvés et les lui a rendus. »

Et pourquoi Montesquieu n'était-il pas bien avec Voltaire et avec le parti philosophique? Parce que ceux-ci ne songeaient qu'à détruire, tandis que Montesquieu voulait expliquer. Il a donné l'exemple à notre siècle de l'impartialité historique et du respect qu'on doit aux siècles passés, si l'on veut être à son tour respecté et compris. Voltaire et le parti philosophique, en haine du moyen âge, se mirent à haïr le christianisme et toute croyance religieuse; Montesquieu, même dans le temps où il écrivait les *Lettres persanes*, ne comprenait pas la société sans les règles de la morale, ni les règles de la morale sans les encouragements et le frein de la religion. Il pouvait dire avec vérité en mourant au P. Routh et au P. Castel qui cherchaient à le convertir : « J'ai toujours respecté la religion; la morale de l'Évangile est le plus beau présent que Dieu ait pu faire aux hommes. »

En paix avec ses semblables, Montesquieu l'était bien plus encore avec lui-même. Il n'a connu ni les peines de l'âme, ni les douleurs du corps. « Je n'ai jamais éprouvé de chagrins, dit-il, qu'une heure de lecture n'ait dissipés. » Quel homme favorisé du ciel que celui qui pouvait ainsi parler de lui-même : « Ma machine est si heureusement construite, que je suis frappé de tous les objets assez vivement pour qu'ils puissent me donner du plaisir, pas assez pour qu'ils puissent me donner de la peine. » — « Je m'éveille le matin avec une joie secrète de voir la lumière; je vois la lumière avec une espèce de ravissement, et tout le reste du jour je suis content; je passe la nuit sans m'éveiller, et le soir, quand je suis au lit, une espèce d'engourdissement m'empêche de faire des réflexions. » Il s'est éteint au milieu de ses amis, sans souffrir des approches de la mort, et après avoir joui une grande partie de sa vie de la gloire qui attendait son nom dans la postérité la plus reculée.

Je distinguerai trois époques dans la carrière si glorieusement parcourue par Montesquieu. La première, tout à la fois critique et positive, consacrée à détruire aussi bien qu'à édifier, mais principalement à détruire, est marquée par les *Lettres persanes*. La seconde est un moment de transition et de recherches préparatoires, où Montesquieu, n'ayant pas encore la conscience de lui-même et l'idée complète de son entreprise, va demander des leçons de philosophie politique et de droit naturel au plus grand peuple qui ait jamais existé. Ce sont les années qui nous ont donné les *Considérations sur la grandeur et la décadence des Romains*. A ce livre qui parut pour la première fois en 1734, viennent se rattacher comme des appendices, la *Politique des Romains dans la religion*, communiquée quelques années auparavant à l'académie des sciences de Bordeaux, le *Dialogue d'Eucrate et de Sylla* et le Fragment de Lysimaque, rédigé un peu plus tard. Enfin, la troisième époque que nous distinguons dans la vie de Montesquieu est celle où, parvenu à la maturité de son génie et à l'achèvement de sa doctrine, il a donné au monde l'*Esprit des lois*. Quoique la nature de ces études me fasse un devoir de m'arrêter particulièrement à cette dernière œuvre, il m'est impossible de ne pas montrer comment elle a été préparée par celles qui l'ont précédée, à commencer par les *Lettres persanes*.

M. Villemain, dans ses Leçons sur la littérature du xviiie siècle, appelle les *Lettres persanes* « le plus profond des livres frivoles ». J'ose aller plus loin que le spirituel académicien ; j'estime qu'il n'y a de frivole dans ce livre que la forme et les tableaux licencieux présentés en pâture à l'imagination déréglée du temps de la régence. Tout le reste est grave, profond, original, du plus grand intérêt pour la morale, la politique, l'économie politique, la jurisprudence et la philosophie de l'histoire. On y trouve non seulement, comme dit l'auteur que je viens de citer, des pensées de Tacite et de Machiavel mêlées à des peintures dignes du *Sopha* de Crébillon, on y trouve le canevas, encore léger, il est vrai, mais parfaitement visible, on y trouve comme la promesse de l'*Esprit des lois*. Voyez, par exemple, dans les dix premières lettres, avec quelle vigueur il nous peint la dégradation des mœurs et des caractères qui résulte nécessairement de l'altération de la famille ou de l'abominable institution de la polygamie. Non seulement les femmes enfermées dans le sérail, non seulement les esclaves chargés de garder ces tristes victimes du despotisme domestique, descendent au dernier degré de corruption, de bassesse, de souffrance et de misère; mais le possesseur même de ce prétendu paradis est représenté à nos yeux comme un objet plutôt digne de notre pitié que de notre envie. « Dans le nombreux sérail où j'ai vécu, dit Usbeck, j'ai prévenu l'amour et l'ai détruit par lui-même; mais de ma froideur même, il sort une jalousie secrète qui me dévore. » La polygamie fait le malheur des États comme celui des particuliers; énervant le corps autant qu'elle abrutit l'âme, elle ne produit qu'une population rare et malsaine.

Immédiatement après ce tableau et la protestation déguisée qui s'y mêle, vient le bel épisode des Troglodytes. Là il ne s'agit pas, comme dans la *République* de Platon, dans l'*Utopie* de Thomas Morus, dans la *Cité du Soleil* de Campanella ou dans l'*Océana* de Harrington, d'une société imaginaire douée de toutes les perfections que notre esprit puisse concevoir; il s'agit des conditions et des lois que la nature impose à la société réelle, et sans lesquelles aucun peuple, aucune race d'homme, dans quelque condition du monde qu'on la place, ne saurait exister. Montesquieu nous fait comprendre qu'en l'absence des sentiments d'humanité et de justice, avec l'égoïsme seul pour règle, toutes les violences et toutes les calamités se donnent la main, naissent inévitablement les unes des autres, et que l'homme est condamné à périr, soit par les rigueurs de la nature, soit par la main de ses semblables. « La justice pour autrui, nous dit-il avec autant de vérité que d'élégance, la justice pour autrui est une charité pour nous. » Mais non content de prouver que la société ne peut subsister sans les lois de l'équité et de la morale, il montre que ces lois, à leur tour, ont besoin d'être secondées par la religion. Sous la bienfaisante influence de ces deux puissances réu-

nies, toutes les vertus naîtront les unes des
autres, comme nous avons vu tout à l'heure les
vices et les crimes. Parmi ces vertus, Montesquieu distingue l'amour de la patrie, poussé jusqu'à l'héroïsme. Étroitement unis par un dévouement sans bornes, par un amour plus puissant
que l'instinct de la vie, à tout ce qui nous entoure, à notre famille, à nos amis, à nos concitoyens, comment ne défendrions-nous pas tous
ces biens au péril de notre tête, en doublant les
forces du corps par l'énergie de l'âme? Aussi les
Troglodytes sont-ils vainqueurs des légions de
barbares qui viennent envahir leur territoire.
Enfin, un jour arrive où ces Troglodytes, dégénérés de leur origine, oublieux de toutes les vertus qui les ont rendus libres, s'en vont trouver
un vieillard, le plus sage et le plus respecté de
leur race, pour le prier d'être leur roi. Le vieillard reçoit cette ouverture en pleurant : « O Troglodytes! s'écrie-t-il, je suis à la fin de mes jours,
mon sang est glacé dans mes veines, je vais bientôt revoir nos sacrés aïeux : pourquoi voulez-vous
que je les afflige et que je sois obligé de leur
dire que je vous ai laissés sous un autre joug
que celui de la vertu! » De cette fiction allégo-

rique sont sortis les premiers chapitres de l'*Esprit des lois*, et principalement celui qui nous enseigne que la vertu est le seul principe des gouvernements républicains.

Un peu plus loin, en nous peignant les désordres de l'empire ottoman, en nous montrant la plupart de ses campagnes en friche, ses marchés et ses ports presque abandonnés, sa population livrée en proie à la barbarie et à la misère par le seul effet de son gouvernement tyrannique, Montesquieu nous explique la nature et les conséquences du despotisme. Enfin, l'opinion que l'honneur tel qu'il l'entend, c'est-à-dire la vanité, est le principe de la monarchie, nous la trouvons déjà dans ce portrait du roi de France : « Le roi de France est le plus puissant roi de l'Europe. Il n'a point de mines d'or comme le roi d'Espagne, son voisin, mais il a plus de richesses que lui, parce qu'il les tire de la vanité de ses sujets, plus inépuisable que les mines. On lui a vu entreprendre et soutenir de grandes guerres, n'ayant d'autres fonds que des titres d'honneur à vendre. » On comprendra que le moment n'est pas venu encore de juger cette opinion, et que je ne puis avoir ici d'autre but que de la signaler.

Il n'y a pas jusqu'à la fameuse proposition : « Les lois sont les rapports nécessaires qui dérivent de la nature des choses, » qu'on ne trouve dans ce passage des *Lettres persanes* : « La justice est un rapport de convenance qui se trouve réellement entre deux choses : ce rapport est toujours le même, quelque être qui le considère, soit que ce soit Dieu, soit que ce soit un ange, ou enfin que ce soit un homme. »

CHAPITRE II

« Considérations sur les causes de la grandeur et de la décadence des Romains. »

Si les *Lettres persanes* peuvent être considérées comme une simple introduction à la carrière intellectuelle de Montesquieu, les *Considérations sur les causes de la grandeur et de la décadence des Romains* n'en forment qu'un épisode. Dans le premier de ces deux écrits si diversement remarquables, nous n'avons pour ainsi dire qu'un avant-goût du génie auquel on doit *l'Esprit des lois*. Toutes les forces dont il se compose, toutes les pensées dont il se nourrit s'y montrent déjà, mais d'une manière confuse et par courts intervalles, comme dans l'ouverture de certaines compositions musicales on voit poindre les mélodies qui se dérouleront plus tard pour le charme de l'oreille. Dans *les Considérations sur les causes de la grandeur et de la décadence des Romains*, nous voyons ces mêmes forces, ce même génie, cette même puissance d'observation et de raisonnement appliqués en manière d'essai à un sujet unique, à une portion limitée de la vaste étendue qu'ils embrasseront un jour : à la politique et à l'histoire du peuple-roi.

Le sujet de cet ouvrage n'était pas nouveau à l'époque où Montesquieu s'en occupa. Il avait déjà été traité par plusieurs écrivains célèbres dont deux au moins sont des hommes de génie : je parle de Polybe, de Cicéron, de Machiavel, de Bossuet et de Saint-Evremond. Pourquoi Montesquieu s'est-il cru obligé de recommencer ce que tant d'autres avaient déjà fait avant lui, et quelques-uns d'entre eux avec un éclatant succès ? Quels sont les aperçus nouveaux, les vues générales ou particulières, les jugements et les principes qu'il a substitués à ceux de ses devanciers ? Telle est la question qu'on rencontre devant soi et qu'il est absolument nécessaire de résoudre, si l'on voit dans les *Considérations sur la grandeur et la décadence des Romains* autre chose qu'un exercice de style, si l'on veut les apprécier autrement qu'en homme de lettres, si l'on y cherche enfin une pensée digne d'un homme de génie déjà parvenu à sa maturité.

Polybe n'a pas d'autre philosophie que le matérialisme et le fatalisme; et ce déplorable système il l'applique à l'histoire romaine. Les Romains, selon lui, ont subjugué les autres peuples, parce que le hasard, les circonstances dans lesquelles leur nation a pris naissance, leur ont imposé une forme de gouvernement plus durable que les autres. Mais comme il n'y a rien en ce monde qui puisse durer toujours, et que les institutions politiques, ainsi que les phénomènes de la nature, tournent dans un cercle perpétuel, le gouvernement mixte des Romains finira par disparaître pour faire place à un système tout opposé. Une autre raison pour laquelle les Romains ont triomphé de toute la terre, c'est la supériorité de leurs armes et la rigueur de leur discipline; c'est la savante organisation de leurs légions, bien préférable à l'organisation de la phalange macédonienne. Si l'on joint à ces idées générales une foule de détails géographiques, diplomatiques et militaires, on pourra se représenter assez exactement ce qui nous reste des ouvrages du célèbre exilé du Mégalopolis.

Cicéron, dans sa *République*, s'est proposé un autre but, que Montesquieu, quand même il aurait connu ce traité, aussi bien que nous le connaissons aujourd'hui depuis les découvertes du cardinal Maï, ne pouvait pas accepter pour lui. Cicéron, voulant concilier ensemble son admiration pour la philosophie platonicienne avec les préjugés de son patriotisme et de sa caste, a pris la tâche de montrer que la perfection rêvée par Platon dans sa république idéale, a existé réellement dans la république romaine, tant que celle-ci est restée debout, et que, fidèle à ses traditions et à ses vieilles lois, elle a laissé la prépondérance aux patriciens.

L'auteur des discours sur Tite-Live, Machiavel, demande à l'histoire romaine des conseils pour réussir, soit qu'on veuille établir la liberté ou l'autorité absolue. Toutes mesures couronnées de succès dans la voie qu'on a résolu de suivre, lui paraissent légitimes et bonnes à imiter. Toutes celles qui ont produit un effet contraire à celui qu'on désirait, lui semblent mauvaises et dignes de la réprobation des véritables hommes d'État.

Au-dessus de cette politique à outrance, composée de recettes plutôt que de règles et de lois générales, on n'aperçoit d'autre principe que celui-ci : l'intérêt est le seul mobile des actions humaines, soit celles des peuples ou des individus, des gouvernements ou des particuliers, et il n'y a que deux moyens de les diriger à son gré : l'espérance et la peur.

Pour Bossuet, l'histoire romaine, ainsi que l'histoire générale du monde, est tout à la fois une thèse de théologie et une thèse de morale. Elle est pour lui un moyen de montrer que Dieu intervient dans tous les événements pour faire marcher au but qu'il se propose; qu'il s'est servi de la puissance romaine, comme plus tard il se servira de l'aveugle force des barbares, pour ouvrir les voies à l'œuvre de la rédemption et préparer le monde, comme un laboureur prépare son champ, à recevoir la semence de l'Évangile. C'est la proposition théologique à côté de laquelle, et sans s'y mêler en aucune manière, vient s'offrir à nous un principe tout différent : c'est que dans l'ordre politique comme dans les relations particulières des hommes entre eux, au sommet du pouvoir comme dans la vie privée, nos succès et nos revers sont notre propre ouvrage, que les uns ont pour cause le bon emploi, et les autres l'abus que nous avons fait de notre position et de nos moyens; que les premiers suivent presque toujours la justice, la persévérance, la sagesse, et les seconds l'iniquité, l'aveuglement et l'abandon de soi-même. C'est la leçon de morale. Comment cette dernière proposition, qui est un hommage rendu à la liberté humaine, peut-elle se concilier avec la première, qui ne semble laisser de place dans l'histoire que pour l'action de la providence? C'est ce que Bossuet ne dit nulle part, laissant, pour ainsi dire, la conscience de l'individu et le gouvernement du genre humain partagés entre deux principes opposés, opposés au moins en apparence.

L'unité et l'impartialité philosophique, qui ont échappé à Bossuet, manquent à plus forte raison à Saint-Evremond. Celui-ci n'est rien qu'un bel esprit, que la recherche de ce qui est rare et délicat conduit souvent au vrai. C'est ainsi qu'il a des aperçus très ingénieux sur certains détails de l'histoire des Romains, des jugements neufs et même profonds sur quelques personnages à faces diverses, par exemple sur Auguste. Mais à cette intelligence superficielle, qui ne connaît pas même très exactement les faits, il ne faut demander aucune vue générale, aucune loi, aucun principe, soit de politique, soit de morale, soit d'histoire, capable d'éclairer à la fois un grand nombre de détails et de nous expliquer les effets par leurs causes.

Tous les défauts qu'on peut reprocher à ces différents écrivains, Montesquieu les a évités; toutes les qualités qu'ils se partagent entre eux, il les a réunies en y joignant encore des qualités d'esprit et de style qui ne sont qu'à lui, des idées qui ne pouvaient sortir que de son libre génie et du siècle où il a vécu. En laissant de côté Cicéron et Polybe qui, en raison de la différence et de la distance des temps, ne peuvent avoir avec lui que des rapports très superficiels; en négligeant Saint-Evremond, avec lequel il serait injuste de le comparer, je n'aurais pas de peine à démontrer, si je voulais insister sur ce point, qu'il tient à la fois de Bossuet et de Machiavel : de l'un, par la hardiesse et la profondeur des vues d'ensemble, par la glorieuse part faite à la liberté humaine, par le sentiment moral dont on est pénétré en voyant la bassesse et l'iniquité punies par leurs propres œuvres, en voyant les nations incapables de s'élever et de se conserver autrement qu'à l'aide de la justice, de la modération et de la pureté des mœurs, enfin quelquefois par la majesté solennelle du langage; de l'autre, par ces lueurs vives et soudaines, par ces réflexions tranchantes et froides comme l'acier, qui pénètrent dans les derniers replis de l'égoïsme humain, ou qui sondent toute la profondeur d'une situation.

Comment, par exemple, ne pas penser involontairement à l'auteur du *Discours sur l'Histoire universelle*, quand on rencontre des images et des idées comme celles-ci? « Rome n'était pas proprement une monarchie ou une république, mais la tête du corps formé par tous les peuples du monde. » — « Il semblait qu'ils (les Romains) ne conquissent que pour donner; mais ils restaient si bien les maîtres, que, lorsqu'ils faisaient la guerre à quelque prince, ils l'accablaient, pour ainsi dire, du poids de tout l'univers. » Mais rien ne me rappelle mieux la manière de Bossuet, que cette sombre récapitulation de toutes les conquêtes romaines tournant, comme par un châtiment du ciel, à l'oppression de ceux qui en étaient les auteurs et qui ne les avaient faites que pour opprimer les autres.

« C'est ici qu'il faut se donner le spectacle des choses humaines. Qu'on voie, dans l'histoire de Rome, tant de guerres entreprises, tant de sang répandu, tant de peuples détruits, tant de grandes actions, tant de triomphes, tant de politique, de sagesse, de prudence, de constance, de courage, ce projet d'envahir tout, si bien formé, si bien soutenu, si bien fini, à quoi aboutit-il, qu'à assouvir le bonheur de cinq ou six monstres ? Quoi ! ce Sénat n'avait fait évanouir tant de rois, que pour tomber lui-même dans le plus bas esclavage de quelques-uns de ses plus indignes citoyens, et s'exterminer par ses propres arrêts ! On n'élève donc la puissance que pour la voir mieux renversée ! Les hommes ne travaillent à augmenter leur pouvoir que pour le voir tomber contre eux-mêmes dans de plus heureuses mains ! »

Voici maintenant quelques pensées qui, si on les détachait de ce qui les complète et les rend moins désolantes, paraîtraient empruntées, non seulement aux *Discours sur Tite-Live*, mais au *Traité du Prince*. « Quand on accorde les honneurs, on sait précisément ce que l'on donne; mais quand on y joint le pouvoir, on ne peut dire à quel point il pourra être porté. » — « Comblez un homme de bienfaits, la première idée que vous lui inspirez, c'est de chercher les moyens de les conserver ; ce sont de nouveaux intérêts que vous lui donnez à défendre. »

Mais, si curieux qu'ils puissent être, ces rapprochements et ces traits particuliers n'ont, pour nous, qu'un intérêt secondaire. Ce qui nous importe surtout, c'est de pénétrer la pensée de Montesquieu, la pensée entière de son livre, la doctrine qui lui appartient en propre, et qui, en même temps qu'elle résulte pour lui de l'étude des faits, lui sert à les expliquer. La pensée que Montesquieu a développée dans les *Considérations sur la grandeur et la décadence des Romains*, peut se traduire ainsi :

Les faits dont se compose la vie d'un peuple, soit les faits intérieurs, c'est-à-dire les institutions et les mœurs, soit les faits extérieurs ou les succès et les revers qui naissent de ses rapports avec les peuples étrangers; ces faits ont leur logique, ils obéissent à un ordre régulier, ils ne se suivent pas seulement, ils se déduisent les uns des autres, ils s'engendrent réciproquement comme les idées de notre intelligence, quand notre intelligence est saine et s'exerce régulièrement.

Pourquoi en est-il ainsi ? Parce que les faits, même quand ils naissent malgré nous, tombent sous la puissance de la volonté, qui subit, à son tour, la loi de la raison ou de la passion. Quand ils sont conduits par la raison, et quand la raison elle-même est secondée par le courage, la persévérance, en un mot, la vertu, dans le sens antique du mot, tout va bien, tout conspire au même but, tout, jusqu'aux obstacles qu'on rencontre sur son chemin, jusqu'aux passions contraires qu'il faut combattre et dompter, pousse à l'accomplissement de la destinée qu'on poursuit. Lorsque au contraire ils sont conduits par la passion, ou par une ambition légitime à son origine, mais que la raison ne gouverne plus, alors, tout va mal, tout contribue à éloigner la fin qu'on veut atteindre, parce qu'une première chute en amène nécessairement une seconde et la seconde une troisième, les chutes et les fautes étant le fruit naturel de l'aveuglement, comme les succès et les belles actions sont le fruit de la vertu et de la sagesse.

Il y a donc la logique du bonheur, je veux dire qui conduit au bonheur, comme il y a la logique de l'adversité. Il y a un ordre établi par la nature des choses, par conséquent un ordre universel dans les causes qui produisent la grandeur d'un peuple et dans celles qui amènent sa décadence. Cet ordre qui domine l'histoire, est-il d'une telle puissance qu'il écrase le libre arbitre de l'individu? Montesquieu ne le croit pas; il s'efforce précisément de démontrer le contraire. C'est ainsi qu'il nous peint Mithridate arrêtant un instant par l'énergie de son âme et le déploiement de toutes les ressources de son intelligence la marche triomphale des légions romaines. C'est ainsi qu'il nous montre, à une autre époque, comment il a suffi de la volonté d'un Trajan, d'un Titus, d'un Marc-Aurèle, pour retarder, pendant la durée de leur règne, la dissolution de l'Empire, ou plutôt pour lui faire rebrousser chemin. Mais le pouvoir de l'individu, quels que soient la force et le génie qu'on lui suppose, ne s'étend que sur un espace et sur une durée limités. Hors de ces bornes, l'ordre général, ou ce que j'ai appelé tout à l'heure la logique des faits, reprend tous ses droits.

Telles sont les idées, ou pour leur donner leur véritable nom, telle est la philosophie de l'histoire qui se mêle à tout l'ouvrage que nous cherchons à comprendre, et dont nous verrons prochainement sortir une philosophie du droit, fondée exactement sur les mêmes principes. Pour prouver qu'elle n'est point le résultat d'une interprétation forcée, mais qu'elle est la pensée même de Montesquieu, je n'ai qu'à rappeler la suite et l'enchaînement de son beau livre.

Je commence par écarter ce qui concerne les rois de Rome, parce que cette partie n'est pas digne du génie de Montesquieu et ne répond pas à ce qui la suit. On ne pardonnerait pas à une intelligence éminente, qui accepterait aujourd'hui et qui aurait accepté même il y a un siècle, tout ce qu'on nous raconte des premiers rois de France, Pharamond, Clodion, Mérovée, Childéric, et les merveilles dont on a libéralement doté leur cour imaginaire. C'est pourtant dans cette faute que Montesquieu est tombé au sujet des premiers rois de Rome. Sans aller aussi loin que Niebuhr, qui n'aperçoit partout que des mythes, des allégories, des traditions poétiques, des fragments de chants nationaux, il lui appartenait au moins d'exprimer quelques doutes sur les récits étonnants, visiblement chimériques, que nous lisons dans Tite-Live sur cette époque reculée. Négligeant entièrement la critique des faits, Montesquieu ne rachète pas cette faute par une appréciation exacte des institutions de ce même temps. Il semble, à l'entendre, que les classes dont se compose la nation romaine étaient alors déjà toutes formées et semblables à celles que nous rencontrons plus tard; que les rois auxquels on attribue de si magnifiques travaux et de si brillants exploits étaient réellement des monarques investis de l'autorité souveraine, tandis qu'ils n'étaient, en réalité, comme le démontre si bien Vico, que les mandataires des patriciens et leurs chefs militaires. Des traits d'esprit comme celui-ci : « on commençait à bâtir la ville éternelle », ou des observations superficielles comme celle qui nous montre la monarchie élective remplacée par la monarchie héréditaire, et la monarchie héréditaire par le pouvoir absolu, renversé à son tour à cause de ses excès par la république; de tels artifices de langage et des idées aussi vagues n'éclairent absolument rien et laissent les questions tout entières. On peut même reprocher ici à Montesquieu quelques rapprochements entièrement faux : par exemple, quand i veut expliquer la chute de la dynastie romaine par les mêmes causes qui ont amené celle de la dynastie des Stuarts. Si la dynastie des Stuarts est tombée, c'est, selon lui, à la suite des privilèges que Henri VII, pour humilier la noblesse, conféra à la Chambre des communes. Si la dynastie des Tarquins est tombée, c'est à cause de la place que Servius Tullius a faite au peuple pour abaisser le Sénat. Comment Montesquieu a-t-il pu oublier que les Tarquins ont été chassés par l'aristocratie, non par les plébéiens, et que la révolution anglaise de 1640 est due beaucoup plus aux passions religieuses qu'aux passions politiques ?

Mais quand on a franchi avec lui cette obscure période de l'histoire romaine, alors on ne trouve plus qu'à applaudir et à admirer. On voit les événements succéder aux événements, les révolutions aux révolutions, comme les syllogismes succèdent aux syllogismes dans l'œuvre d'un géomètre, sans que les faits soient jamais altérés, ni la liberté humaine compromise.

La guerre était pour les Romains une nécessité continuelle, une nécessité politique engendrée par leur constitution, une nécessité matérielle, imposée par la composition même de ce peuple extraordinaire. Le Sénat, les patriciens avaient besoin de faire la guerre pour tenir ce peuple en haleine, pour le contenir au dedans, en appliquant ses forces au dehors, et pour se grandir au moins à ses yeux, puisque le droit de la déclarer et le pouvoir de la diriger leur appartenaient exclusivement. La guerre était aussi un besoin pour le peuple, car elle servait à le nourrir; elle remplaçait pour lui l'industrie et le commerce, qui lui manquaient entièrement, et qu'il n'a jamais cessé de mépriser.

Contraints de faire la guerre sans trêve et sans relâche, par orgueil et par nécessité, les Romains avaient à choisir entre ces deux alternatives : il fallait qu'ils fussent détruits par les autres peuples dont ils étaient naturellement les ennemis implacables, ou qu'ils en devinssent les maîtres par une suite de victoires et de conquêtes, atteignant de proche en proche les nations les plus reculées.

C'est là qu'est le secret de leur vigoureuse discipline, de la savante organisation de leurs légions, de la supériorité de leurs armes, de la perfection où ils portèrent l'art militaire, en empruntant des améliorations à tous les peuples, aux ennemis mêmes qu'ils avaient vaincus; de l'éducation virile qu'ils donnaient à leur jeunesse, de leur constante application à entretenir leurs forces, et enfin de leurs vertus mêmes, de leur courage, de leur patriotisme, de leur mépris pour la mort, de cette fierté sublime qui ne leur permettait de traiter qu'avec un ennemi vaincu : *Parcere subjectis, debellare superbos.* Car de ces vertus dépendaient leur conservation, celle de leur famille et de leur patrie. Les perdre, c'était accepter d'avance le plus dur esclavage ou la destruction.

La guerre étant une nécessité pour la république, devint naturellement par la suite des temps un état pour les particuliers. La paye fut substituée aux distributions de terres. Les peuples vaincus furent obligés de nourrir, d'habiller et de solder les vainqueurs. Le Sénat put continuer sa politique conquérante sans avoir à craindre de voir le peuple, par l'accroissement de ses propriétés, s'élever au niveau des patriciens. Mais, comme l'armée n'en restait pas moins composée de citoyens, les causes de valeur et de patriotisme que nous venons de signaler subsistaient à côté de l'honneur militaire; et l'on comprend combien la puissance romaine, ainsi composée du peuple tout entier, ou de la grande et de la meilleure partie du peuple, devait être supérieure à celle dont pourrait disposer aujourd'hui un État de la même grandeur.

De toutes les nations qui furent successivement aux prises avec les Romains, aucune ne se trouvant dans une situation semblable, ni les Gaulois, ni les Carthaginois, ni les Grecs que commandait Pyrrhus, il était inévitable qu'ils restassent à la fin maîtres du champ de bataille. N'oublions pas d'ailleurs qu'à la supériorité de leurs armes se joignaient, chez les Romains, la supériorité morale d'un peuple libre et la supériorité politique d'un Sénat qui, seul depuis des siècles et à la lumière des plus grands exemples, conduisait les affaires de la république. Nulle part cette supériorité n'éclate plus visiblement que dans l'admirable parallèle établi par Montesquieu entre les Romains et les Carthaginois, entre les Romains et les Grecs.

Les Romains s'agrandissent non seulement par leurs propres qualités, mais aussi par les fautes et par les vices des autres peuples. C'est ainsi qu'appelés en Grèce par l'imprudence des Étoliens, irrités par l'ambition non moins imprudente de Philippe, ils deviennent les dominateurs de ce pays pour étendre successivement leurs conquêtes en Syrie, en Égypte et dans toute l'Asie. Pourquoi se sont-ils rendus les maîtres de la Syrie ? Parce que les descendants de Séleucus s'étaient corrompus et amollis au milieu des nations auxquelles ils commandaient, et parce que ces nations, armées les unes contre les autres par des intérêts et des passions opposés, par des haines de race et de religion, ont laissé passer entre elles le torrent dévastateur des légions romaines. Pourquoi ont-ils triomphé de l'Égypte ? Parce que l'Égypte était gouvernée par des princes lâches, efféminés, incapables, parce que les sœurs de ces princes, succédant au trône, comme leurs frères, et obligées, pour cette raison, de les épouser, changeaient des querelles domestiques en guerre civiles.

Toutes ces circonstances qui affaiblissaient leurs ennemis et leurs rivaux s'étaient produites sans doute indépendamment de la volonté des Romains; mais il fallait toute l'énergie de leur volonté, toute la constance de leur patriotisme et la profondeur de leur politique pour en tirer parti. Un des plus beaux chapitres de l'ouvrage est celui où cette politique est exposée à grands traits et mise sous nos yeux avec une clarté, avec une force qui nous fait croire que nous assistons aux délibérations intimes du Sénat.

Un des traits dominants de ce système de conquête, c'est la modération qui empêchait les Romains de prendre ostensiblement possession des pays conquis tant qu'ils n'étaient pas en état de les garder; c'est la sagesse qui leur inspirait de laisser à chaque peuple vaincu ses croyances, ses institutions et ses lois; sagesse qui a manqué à Charlemagne, à Charles-Quint et à Louis XIV. « C'est la folie des conquérants, dit Montesquieu, de vouloir donner aux peuples leurs lois et leurs coutumes : cela n'est bon à rien, car, dans toute sorte de gouvernement, on est capable d'obéir. »

Mais la grandeur d'un peuple a ses désavantages : quand elle dépasse les bornes d'une ambition raisonnable, elle peut même devenir une cause de ruine. C'est l'enseignement que nous offre l'histoire romaine.

Trois causes, toutes sorties de la colossale puissance de Rome, suffisent à Montesquieu pour expliquer sa décadence : 1° l'ascendant toujours croissant des généraux et des forces militaires; 2° l'affaiblissement du patriotisme romain par l'extension des droits de citoyens à tous les peuples de l'Italie et ensuite à tous les peuples conquis; 3° la corruption produite au sein des mœurs, l'affaiblissement des croyances et des traditions romaines par le mélange de toutes les races et de toutes les nations de l'univers.

Tant que la puissance romaine s'était renfermée en Italie, les soldats étaient demeurés des citoyens; mais les guerres lointaines leur avaient ôté ce caractère; ils ne connaissaient plus que le général; ils se partagèrent entre les généraux au lieu de se partager, comme autrefois, entre les patriciens et le peuple; et les généraux, en flattant leur cupidité, devenaient les maîtres du pays, pouvaient entrer en vainqueurs dans l'asile inviolable des lois.

Le droit de citoyen étant devenu une propriété commune aux peuples les plus opposés d'intérêts et d'idées, l'unité romaine était détruite, le patriotisme était tari dans sa source; il ne restait plus que le courage militaire.

Enfin, aux vieilles mœurs romaines vinrent se substituer les mœurs efféminées et le relâchement de l'Asie. Les vieilles croyances furent ébranlées par l'épicuréisme, la seule philosophie qui soit accessible à une masse dégradée et abrutie. Le stoïcisme est la religion des âmes d'élite.

Ces causes une fois triomphantes, la république ne pouvait plus être restaurée. Les assassins de César oubliaient que leurs poignards, en faisant couler le sang du dictateur, ne régénéraient pas celui de leurs concitoyens. Leur tentative avortée ne fit que rendre plus inévitable la chute d'un ordre de choses depuis longtemps condamné par l'opinion et par l'autorité irrésistible des faits.

Rome descendit donc, par tous les échelons du despotisme, à l'anarchie, et de l'anarchie à la dissolution de l'empire.

Tel est le tableau, non, je me trompe, telle est l'argumentation vivante, irrésistible que Montesquieu met sous nos yeux dans les *Considérations sur la grandeur et la décadence des Romains*. Il n'y a rien qui puisse pénétrer l'âme d'une plus profonde émotion, rien qui puisse éclairer l'intelligence d'une plus vive lumière. Il semble qu'on assiste aux conseils, non seulement du Sénat romain, mais de la providence elle-même, de la sagesse éternelle qui a fait le monde et le genre humain. On éprouve par intervalles un frémissement comme si quelqu'un, initié aux secrets de Dieu, allait nous dévoiler nos propres destinées ; et, cependant, ce livre n'est encore qu'un ouvrage avancé de l'édifice devant lequel nous nous arrêterons plus tard.

CHAPITRE III

La politique des Romains. — Sylla et Eucrate. — Lysimaque.

Avant d'arriver à l'œuvre capitale de Montesquieu, je m'arrêterai quelques instants sur deux petits écrits qui se rattachent très étroitement aux *Considérations sur la grandeur et la décadence des Romains* : la *Politique des Romains dans la Religion* et le *Dialogue de Sylla et d'Eucrate*.

Le premier de ces deux morceaux, présenté sous forme de mémoire à l'académie de Bordeaux en 1716, c'est-à-dire cinq ans avant la publication des *Lettres persanes*, est déjà digne, non seulement des *Considérations sur les Romains*, mais de l'*Esprit des lois*, et nous montre que la pensée de Montesquieu s'est formée, pour ainsi dire, d'un seul jet, comme ces statues de bronze destinées à braver les injures du temps.

Il commence par une proposition tranchante qui en résume toute la substance : « Je trouve cette différence entre les législateurs romains et ceux des autres peuples, que les premiers font la religion pour l'État et les autres l'État pour la religion. »

En effet, la religion chez les Romains n'avait pas pour but d'épurer les mœurs, ou d'élever les intelligences et les cœurs en les détachant de la terre pour leur montrer dans le ciel la source véritable de la sagesse et de l'amour; elle ne songeait qu'à mettre entre les mains du pouvoir un moyen plus infaillible que les lois de contenir le peuple et de le diriger à son gré, à savoir : la crainte superstitieuse de la colère des dieux.

De là vient que toutes les cérémonies dont se composait, chez ce peuple, le culte public, n'étaient que des moyens de gouvernement à la discrétion de ceux qui dirigeaient les affaires de l'État, d'abord des rois et des magistrats patriciens, ensuite des magistrats patriciens du Sénat. Ainsi, il était défendu, sans un ordre du Sénat, de consulter les livres sibyllins, et, sans aucun doute, les prêtres qui étaient chargés de leur demander les secrets de l'avenir, et qu'on ne pouvait pas choisir ailleurs que dans la caste privilégiée, connaissaient d'avance l'oracle qu'ils allaient trouver.

Il en était de même de la science des augures et de tous les autres moyens divinatoires. « On mettait, dit Montesquieu, les arrêts du ciel dans la bouche des principaux sénateurs, gens éclairés, et qui connaissaient également le ridicule et l'utilité des divinations. » Par exemple, on se servait des auspices, soit pour dissoudre une assemblée du peuple qui menaçait de devenir séditieuse ou qui contrariait les intérêts du Sénat, soit pour détourner le peuple d'une guerre dont on ne pouvait attendre que des résultats malheureux, soit enfin pour changer les apparences les plus fâcheuses en signes de protection divine et en promesses de victoire.

Ces mêmes principes nous expliquent la tolérance des Romains pour les dogmes privés et pour les cultes étrangers qui n'aspiraient pas ostensiblement à détrôner le leur. Que les cérémonies publiques fussent toujours appliquées au même usage, qu'elles restassent entre les mains des patriciens pour venir en aide à leur autorité et à leur politique auprès d'une multitude superstitieuse et ignorante, peu leur importait le reste. Ils permettaient aux philosophes de ne croire qu'à un seul Dieu ou de diviniser la nature; ils permettaient aux poètes de ne voir dans la mythologie que des récits allégoriques; ils permettaient à tous les peuples de l'univers de professer chacun, non seulement dans leur pays, mais dans l'enceinte même de Rome, une religion différente, pourvu qu'ils n'eussent point la prétention de substituer leurs cérémonies étrangères aux cérémonies publiques du culte national. Les Égyptiens d'abord, ensuite les juifs, que l'on confondait avec les Égyptiens, et enfin les chrétiens, que, pendant longtemps, on confondait avec les juifs, furent exceptés de cette tolérance universelle, parce qu'ils n'en remplissaient point les conditions. Eux seuls, en effet, surtout les chrétiens et les juifs, se disaient en possession de la vérité absolue et n'acceptaient point l'hospitalité qu'on leur offrait au prix d'un partage. Eux seuls, en parlant du Dieu qu'ils adoraient, osaient dire comme Joas dans *Athalie* :

Lui seul est Dieu, madame, et le vôtre n'est rien.

Les juifs et les chrétiens avaient raison, car il

n'y a de foi véritable qu'à ce prix. Les dogmes ne transigent pas, et c'est pour cela même que la liberté de conscience doit être, aux yeux des croyants convaincus, le plus sacré de tous les droits. Mais les Romains aussi avaient raison, à leur point de vue; je veux dire qu'ils étaient d'accord avec leur politique constante, quand ils n'acceptaient aucun blâme, aucune accusation d'erreur, aucune prédiction de ruine pour ces superstitions antiques, sur lesquelles se fondait une partie de leur puissance et de leur gloire. S'attaquer à leur religion officielle, ce n'était pas les blesser dans leurs consciences, c'était les blesser dans leur autorité et ébranler l'État.

Il ne manquait donc aux Romains, pour être plus tolérants, que d'être plus croyants, ou d'avoir une religion inférieure, fondée sur la persuasion, au lieu de n'avoir qu'un culte public, instrument de pouvoir, *instrumentum regni*, une religion d'État, fondée sur les lois. Mais, malgré la restriction qu'ils lui imposaient et dont le paganisme s'accommodait sans peine, la tolérance des Romains envers les cultes étrangers n'a pas médiocrement servi leurs intérêts. Au lieu de porter ses dieux chez les nations vaincues, et de leur imposer par cette violence une servitude morale, mille fois plus dure que la servitude politique, Rome ouvrit ses portes aux divinités étrangères, en s'efforçant de les assimiler aux siennes. « Par ce lien, ajoute Montesquieu, le plus fort qui soit parmi les hommes, elle s'attacha des peuples, qui la regardèrent plutôt comme le sanctuaire de la religion que comme la maîtresse du monde. » Plus tard, sous le règne de Justinien, elle trouva sa ruine dans la politique contraire. Les religions et les sectes que persécuta ce prince fanatique, samaritains, juifs, montanistes, ariens, sabiens, manichéens, se laissèrent exterminer plutôt que d'embrasser la foi orthodoxe ; et comme quelques-unes de ces croyances étaient suivies par des nations entières, on comprend quelles furent les conséquences de son aveuglement. « Il crut, dit Montesquieu, avoir augmenté le nombre des fidèles ; il n'avait fait que diminuer celui des hommes. » Les résultats opposés des deux politiques sont parfaitement résumés dans cette phrase des *Considérations sur la grandeur et la décadence des Romains :* « Comme les anciens Romains fortifièrent leur empire en y laissant toute sorte de cultes, dans la suite on le réduisit à rien en coupant l'une après l'autre les sectes qui ne dominaient pas. »

Le fond de ces idées se trouve déjà chez Cicéron dans les deux traités de la *Divination* et de la *République* ; mais il appartenait à Montesquieu de les compléter par l'histoire entière du peuple romain et de leur donner ce degré de précision et de rigueur irrésistible qu'on ne trouve que dans ses ouvrages.

De même que la composition que je viens d'analyser, le *Dialogue de Sylla et d'Eucrate* peut être considéré comme un corollaire des principes mis en évidence dans les *Considérations sur la grandeur et la décadence des Romains*. Écrit en 1748, peu de temps avant la publication de l'*Esprit des lois*, il ne mérite en aucune manière le jugement sévère dont il a été l'objet de la part d'un illustre critique de notre temps. Quand même, ce que d'ailleurs je conteste, il présenterait dans la forme un peu de déclamation et de mise en scène, le fond n'en serait pas moins d'une très grande valeur, tant pour l'histoire proprement dite que pour la philosophie de l'histoire et la morale politique.

Sylla, après avoir versé à flots le sang romain,

après avoir mis sous ses pieds tous ses ennemis, après avoir conquis, au prix de tant de crimes et de glorieux exploits, ce pouvoir sans bornes qui semblait être le but de toute sa vie, abdique de lui-même la dictature que ses concitoyens, depuis quatre ans, subissaient en silence, et se confond avec la foule, tout prêt, disait-il, à rendre compte de sa conduite. Quelle a été la cause et quelles furent les conséquences de ce fait extraordinaire ? Tel est le programme que Montesquieu se propose dans le morceau qui nous occupe en ce moment ; et ce problème, en esprit conséquent, il le résout par les mêmes principes, par les mêmes lois générales qui lui ont servi à expliquer toute l'histoire romaine.

Sylla est un de ces patriciens tels que Vico les fait revivre à nos yeux, et que Montesquieu n'a fait qu'entrevoir après lui ; avant tout, fiers de leur caste, portant jusqu'à la férocité la haine de la multitude et de l'égalité démocratique, et cependant plus avides encore d'indépendance que d'autorité. Il ne se vante pas d'avoir aimé la patrie mais la liberté, telle qu'un patricien romain pouvait l'entendre, et cette liberté même, il l'a aimée plus pour lui que pour les autres. Dans la

situation où il a trouvé son pays, sur le point
d'être conquis en quelque sorte par la faction
plébéienne, sur le point d'être asservi par Marius
au profit de la vile multitude, il était obligé de
commander, uniquement pour ne pas obéir. Son
ambition une fois satisfaite, le peuple condamné
à servir et à se taire, l'autorité du Sénat restaurée, les patriciens rentrés dans la possession de
tous leurs droits, et lui-même n'ayant plus à
craindre d'être opprimé par personne, quelle raison avait-il de rester au pouvoir? « Si j'avais
vécu, dit-il, par la bouche de Montesquieu, dans
ces jours heureux de la République où les citoyens
tranquilles dans leurs maisons, y rendaient
aux dieux une âme libre, vous m'auriez vu
passer ma vie dans cette retraite que je n'ai obte-
nue que par tant de sang et de sueur. » Quant
aux dangers qu'il pouvait avoir à courir en dé-
posant son titre redoutable, Montesquieu les
écarte par quelques paroles énergiques, qui nous
peignent au vif l'état des esprits après tant de
proscriptions et l'exercice d'une si longue et si
sanglante dictature. « J'ai un nom, fait-il dire
à Sylla, et il me suffit pour ma sûreté et celle du
peuple romain. Ce nom arrête toutes les entre-

prises, et il n'y a pas d'ambition qui n'en soit épouvantée. »

Que l'on trouve à la retraite de Sylla une autre raison plus plausible, plus conforme au génie de cet homme extraordinaire et de la nation, ainsi que de la caste à laquelle il appartient, je serai tout prêt à l'accepter; mais jusque-là qu'on me permette de regarder le *Dialogue de Sylla et d'Eucrate* comme un des chapitres les plus profonds, et, quoi qu'on dise, les plus éloquents des *Considérations sur la grandeur et la décadence des Romains.*

Ce n'est rien pour l'esprit à la fois généralisateur et pratique de Montesquieu d'avoir trouvé les raisons des faits les plus éclatants de l'histoire; il faut aussi qu'il en découvre la conséquence et qu'il les ramène l'un et l'autre à une loi générale. Sylla a voulu restaurer la liberté, telle que ses préjugés patriciens, parfaitement d'accord avec les sentiments intimes de Montesquieu, lui permettaient de la comprendre. De quels moyens s'est-il servi pour cela? De la dictature et de la proscription, c'est-à-dire de ce qu'il y a de plus opposé à cette liberté même, sans laquelle il ne pouvait vivre. Mais l'exemple de la tyrannie une fois donné et le peuple une fois accoutumé à la souffrir, il est bien à craindre que la liberté ne puisse plus renaître, et qu'au dictateur qui avait pour but de lui rendre la vie, n'en succèdent une infinité d'autres, qui poursuivent ostensiblement le dessein de la détruire. C'est précisément ce que dit Eucrate : « Quand les dieux ont souffert que Sylla se soit impunément fait dictateur dans Rome, ils ont proscrit la liberté pour jamais. Il faudrait qu'ils fissent trop de miracles pour arracher à présent du cœur de tous les capitaines romains l'ambition de régner. Vous avez divulgué ce fatal secret, et ôté ce qui fait seul les bons citoyens d'une république trop riche et trop grande, le désespoir de ne pouvoir l'opprimer. » Et, pour donner à ces paroles un sens plus précis, le personnage qui en est l'organe nous montre en quelque sorte sur le fond de la scène la silhouette de Jules-César. C'est ainsi que finit cet admirable dialogue.

Je ne dirai qu'un seul mot du *Lysimaque* envoyé en 1751 à Stanislas, roi de Pologne, et destiné à être communiqué à l'académie de Nancy, qui venait d'inscrire le nom de Montesquieu sur la liste de ses membres. Il serait difficile d'admettre avec le savant M. Walckenaër, « que Montesquieu, dans cet écrit, a peint d'une manière sublime cette philosophie des stoïciens qui élevait l'homme au-dessus des faiblesses de la nature. » La philosophie stoïcienne n'était pas encore née à l'époque où Montesquieu transporte ses lecteurs, c'est-à-dire sous le règne d'Alexandre le Grand. En nous montrant le philosophe Callisthène souffrant la plus horrible mutilation, pour avoir refusé d'adorer le jeune conquérant à la manière de ses esclaves d'Asie, et un de ses plus vaillants généraux, Lysimaque, condamné aux bêtes féroces pour avoir témoigné quelque pitié à la victime de cette barbarie, Montesquieu, à ce que je soupçonne, a plutôt voulu nous donner une idée de l'antipathie qui existait alors entre les mœurs asiatiques adoptées par Alexandre et le libre esprit de la Grèce demeuré vivant même dans son armée et à sa cour. Peut-être aussi le portrait de Lysimaque est-il un compliment à l'adresse de Stanislas. Mais cette question est pour nous d'un médiocre intérêt, et ne doit pas nous tenir éloignés plus longtemps du véritable objet de nos études sur Montesquieu, du monument qui a coûté à son génie vingt ans de recherches et de méditations non interrompues, un de ces livres qui marquent l'apogée non seulement d'un homme, mais de tout un siècle.

CHAPITRE IV

L' « Esprit des lois ».

L'*Esprit des lois* fut publié vers le milieu de l'année 1748. A la fin de 1750, c'est-à-dire au bout de dix-huit mois, on en vendait déjà la vingt-deuxième édition, sans compter les traductions qui l'avaient fait passer dans toutes les langues de l'Europe. Accueilli avec une admiration dont on ne trouvera peut-être aucun autre exemple dans un écrit de cette nature, et qu'on n'était guère en droit d'attendre de la génération du xviiie siècle, il rencontra aussi un grand nombre de détracteurs. Les uns, comme l'abbé de Laporte, janséniste exalté, le fermier général Dupin, et les jésuites Berthier et Plesse, ses deux collaborateurs, n'y apercevaient que des nouveautés dangereuses, non moins propres à ruiner l'État que la religion. On prétend même que la Sorbonne, émue de leurs cris d'alarme, apprêtait déjà les foudres de sa censure. Les autres, sortis principalement des rangs des philosophes, accusaient l'auteur de cet ouvrage de n'être qu'un transfuge, tout prêt à adorer ce qu'il avait brûlé, un partisan déclaré de la féodalité et de l'ancien régime, qui consacrait à la défense de ces puissances tombées une renommée acquise au service d'une autre cause. A la tête de ces derniers, on remarquait Helvétius. Lié avec lui par la plus étroite amitié, et accoutumé à le consulter sur tout, Montesquieu, pendant qu'il en était temps encore, lui demanda son avis sur l'*Esprit des lois*. Ce ne fut pas la faute d'Helvétius si le manuscrit ne fut pas jeté au feu. Il n'y vit qu'une apologie des préjugés du passé, timide et en quelque sorte honteuse d'elle-même, comme ces flatteries que certains jeunes gens, novices dans le monde, adressent aux vieilles femmes qui ont encore des prétentions. Il accusa l'auteur de trahir à la fois la cause de la philosophie et celle de la liberté, en portant un coup mortel à sa propre gloire ; et plus tard, quand l'admiration publique eut donné un démenti à ses sinistres présages, il en appela au jugement de l'avenir. Un temps viendra, selon lui, « où Montesquieu, dépouillé de son titre de sage et de législateur, ne sera plus qu'un homme de robe, gentilhomme et bel esprit [1] ».

Ces deux sortes d'adversaires étaient inévitables avec le dessein supérieur et le plan original que Montesquieu poursuit dans l'*Esprit des lois*.

Quel est, en effet, le but de ce livre ? Il ne s'agit pas, après Platon, Thomas Morus, Harrington, Campanella et l'auteur du *Traité du gouvernement civil*, le sage Locke, comme on le nommait alors, de rechercher quel est le meilleur gouvernement, de rédiger le Code d'une législation parfaite, sans s'inquiéter s'il y a dans le monde un seul peuple à qui il puisse convenir. Il ne s'agit pas non plus de faire l'apologie des gouvernements, des lois et des institutions qui existent ou qui ont existé, mais d'en trouver la raison dans la nature de l'homme et dans les circonstances extérieures qui sont capables de la modifier; ou, pour me servir d'une expression chère à Montesquieu, et qui ré-

1. Voir la Correspondance d'Helvétius avec Saurin, dans les *Œuvres de Montesquieu*, édition Dalibon, t. V, p. 419.

sume toutes celles que je viens d'employer, c'est dans la *nature des choses* qu'il veut chercher l'origine des institutions sociales et des opinions mêmes où elles prennent toute leur force. « J'ai, dit-il, examiné les hommes, et j'ai cru que dans cette infinie diversité de lois et de mœurs, ils n'étaient pas uniquement conduits par leurs fantaisies. J'ai posé les principes, et j'ai vu les cas particuliers s'y plier comme d'eux-mêmes, les histoires de toutes les nations n'en être que les suites, et chaque loi particulière liée avec une autre loi, ou dépendre d'une autre encore plus générale... Je n'ai point tiré mes principes de mes préjugés, mais de la nature des choses. » Tout le monde connaît cette proposition fameuse : « Les lois, dans la signification la plus étendue, sont les rapports nécessaires qui dérivent de la nature des choses. »

L'Esprit des lois nous offre donc ce qu'on appellerait aujourd'hui une philosophie de l'histoire, renfermée dans les limites de la politique et du droit. Mais telle que Montesquieu vient de la définir, la seule pensée qui a inspiré cette œuvre fait naître dans l'esprit deux objections capitales. Si toutes les lois qui ont été imposées aux hommes ou qu'ils se sont données volontairement, découlent de la même source et peuvent se justifier par les mêmes principes, où sera la différence du bien et du mal, du juste et de l'injuste, de la raison et de la passion ? Si toutes les lois sont également nécessaires, si elles suivent d'une manière inévitable les besoins physiques et moraux de chaque peuple en particulier, et de l'humanité en général, si elles ne sont enfin que « les rapports nécessaires qui dérivent de la nature des choses, » que devient alors la liberté humaine ? que devient la Providence divine dans ce système de nécessité universelle ?

On trouvera sans doute, dans le premier livre de l'*Esprit des lois*, des maximes qui répudient cette double conséquence. Ainsi, quel jurisconsulte a jamais rendu à la raison un plus éclatant hommage que celui qui est contenu dans cette proposition ? « La loi, en général, est la raison humaine en tant qu'elle gouverne tous les peuples de la terre, et les lois politiques et civiles de chaque nation ne doivent être que les cas particuliers où s'applique cette raison humaine. » Leibnitz, Vico et Platon lui-même n'auraient pas dit mieux. Montesquieu aurait-il oublié, parmi toutes les législations qu'il passe en revue, les lois éternelles de la justice ? C'est lui qui a dit : « Avant qu'il y eût des lois faites, il y avait des rapports de justice possibles. Dire qu'il n'y a rien de juste ni d'injuste que ce qu'ordonnent ou défendent les lois positives, c'est dire qu'avant qu'on eût tracé de cercle, tous les rayons n'étaient pas égaux. » Enfin, en quelques mots décisifs, comme lui seul sait les trouver, il démontre la divine Providence. « Ceux qui ont dit qu'une fatalité aveugle a produit tous les effets que nous voyons dans le monde, ont dit une grande absurdité ; car quelle plus grande absurdité qu'une fatalité aveugle qui aurait produit des êtres intelligents ? » Montesquieu ne s'arrête pas là : il rend témoignage à la liberté humaine comme à la Providence. C'est elle qui lui explique ce qu'il y a de variable et de particulier dans les institutions des hommes, et la raison ce qu'il y a d'universel et d'immuable.

Mais la critique n'a pas le droit de se laisser désarmer par ces nobles protestations. La question n'est pas de savoir si les erreurs qu'on reproche à Montesquieu sont repoussées par sa conscience, mais si elles appartiennent ou non à son système. Or, quand on les examine à ce point de vue, les deux objections que nous avons signalées subsistent tout entières et reçoivent même, de quelques-unes des propositions les plus célèbres de l'*Esprit des lois*, un nouveau degré de force et de précision.

Malgré le témoignage qu'il a rendu tout à l'heure à la raison universelle du genre humain, considérée comme la règle suprême de toute législation et comme un don de la raison divine, Montesquieu ne semble-t-il pas nier, ou, ce qui revient au même, ne rend-il pas inutile l'existence d'une telle lumière, quand il veut prouver que les lois positives, même les plus étranges et les plus contradictoires, peuvent toutes se justifier par la nature du pays, de la race, du gouvernement, des croyances et des besoins qui leur ont donné naissance? Si parmi ces lois il n'y en a pas une qui ne soit nécessaire et légitime, n'est-il pas superflu et même impossible de croire encore à la loi naturelle, c'est-à-dire à une loi dont dépendent toutes les autres, qui les condamne ou les absout, selon qu'elles violent ou respectent ses propres prescriptions, et qui n'excepte personne, ni un souverain, ni un particuher, ni un peuple, ni un individu, de son autorité souveraine?

De même qu'il a obscurci la loi naturelle, ou pour mieux dire, la loi morale, par l'apologie de toutes les lois périssables, de tous les codes violents et éphémères sortis de la main des hommes, Montesquieu n'a-t-il pas gravement compromis la liberté? N'a-t-il pas fait mieux encore que de la compromettre? Ne l'a-t-il point niée tout à fait par l'influence qu'il donne aux climats sur les législations, les institutions, les mœurs et les religions mêmes des différents peuples?

Telles sont les difficultés que présente, non telle ou telle partie de l'*Esprit des lois*, non telle ou telle proposition susceptible d'être modifiée ou retranchée, mais l'œuvre tout entière, je veux dire la méthode qui y règne, le plan qui la domine et les principes généraux sur lesquels elle repose. Ces difficultés, je ne les ai pas fait naître pour me donner l'avantage de les résoudre. Elles ont été saisies, et, comme on peut le croire, singulièrement exagérées par tous les adversaires de Montesquieu; elles ont été le prétexte de la plupart des attaques dirigées contre lui. Je répondrai d'abord à la dernière, parce qu'elle est à la fois la moins sérieuse et la plus propre à faire impression sur des esprits timides. Aussi tient-elle une grande place dans les *Observations*, publiées sous le nom de M. Dupin, dans la feuille janséniste de l'abbé de Laporte et dans un grand nombre de critiques plus modernes.

Il est aussi impossible de nier l'influence des climats sur le génie, les mœurs et par suite sur les institutions des peuples, que celle du corps sur l'âme. Cette influence, déjà signalée dans l'antiquité par Hippocrate et par Aristote, et au xvɪ^e siècle par Bodin, n'a pas empêché ces écrivains de rendre hommage à la liberté humaine. Toute la question est donc de savoir si l'auteur de l'*Esprit des lois*, en adoptant la même idée, en a tiré d'autres conséquences. Il est bien vrai que Montesquieu l'a confirmée par des observations plus variées et plus profondes, auxquelles vient se mêler, çà et là, une physiologie chimérique, souvenir malheureux de ses premières lectures à l'académie des sciences de Bordeaux; mais il démontre en même temps que, presque toujours, l'énergie de l'âme réagit contre les forces de la matière, que plus l'organisation paraît énervée par la nature extérieure, plus l'imagination et les croyances paraissent prendre de vigueur, comme chez les peuples de l'Asie, qui, pour conquérir le ciel, s'infligent les pénitences les plus extraordinaires, et qu'enfin les législateurs ont, tout à la fois, l'obligation et le pouvoir de combattre, quand ils sont pernicieux, les effets du ciel et de l'atmosphère. « Les mauvais législateurs, dit-il expressément, sont ceux qui ont favorisé les vices des climats, et les bons sont ceux qui s'y sont opposés. »

Les adversaires de Montesquieu lui ont reproché de son vivant, et on l'accuse encore fréquemment aujourd'hui, d'avoir justifié par ce même principe, c'est-à-dire par l'influence des climats, l'institution de la polygamie. Montesquieu, comme il le prouve avec la dernière évidence dans sa *Défense de l'Esprit des lois*, a seulement voulu rendre compte de l'existence de la polygamie, en montrant que, dans les pays où les lois l'ont consacrée, le nombre des femmes est, en général, plus grand que celui des hommes; c'est dans ce sens qu'il l'a appelée « une affaire de calcul »; mais personne ne l'a flétrie autant que lui, et n'a rendu plus sensible l'influence dissolvante qu'elle exerce sur la famille et sur les mœurs. Il lui a suffi pour cela d'ériger en maximes les tableaux qu'il met sous nos yeux dans les *Lettres persanes*. « A regarder, dit-il, la polygamie en général, indépendamment des circonstances qui peuvent la faire un peu tolérer, elle n'est point utile au genre humain, ni à aucun des deux sexes, soit à celui qui abuse, soit à celui dont on abuse. Elle n'est pas non plus utile aux enfants, et un de ses grands inconvénients est que le père et la mère ne peuvent avoir la même affection pour leurs enfants; un père ne peut pas aimer vingt enfants comme une mère en aime deux. »... Viennent ensuite quelques lignes énergiques et non moins vraies sur la corruption qui est l'effet ordinaire de la polygamie; « parce que, dit Montesquieu, une dissolution en entraîne toujours une autre; il en est de la luxure comme de l'avarice, elle augmente sa soif par l'acquisition des trésors ». Aucun moraliste n'a jamais parlé un langage plus élevé et plus sévère.

Montesquieu n'a donc porté aucune atteinte au libre arbitre; et d'ailleurs, s'il en avait été ainsi, comment aurait-il porté tant d'amour à la liberté politique? Comment en aurait-il si bien compris les conditions et les caractères? Je vais montrer à présent qu'il n'a pas moins reconnu ni moins respecté la loi naturelle.

Qu'on ouvre le vingt-sixième livre de l'*Esprit des lois*, un des plus remarquables de ce chef-d'œuvre où tout est remarquable, on y trouvera en tête des différentes espèces de lois qui sont appelées à gouverner l'homme et la société, on y rencontrera avant même les lois de la religion, la loi naturelle, « parce que, dit l'auteur dans sa *Défense*, aussi digne d'être étudiée que l'œuvre même, j'ai ouï dire que le christianisme était la perfection de la religion naturelle ». La loi naturelle y est présentée comme la règle suprême, à laquelle les lois civiles ne peuvent déroger sans renverser l'ordre établi par Dieu même et sans soulever la conscience. Un des articles de cette loi est le droit de légitime défense : aussi rien de plus monstrueux que les lois de l'antiquité, qui punissaient comme un parricide l'esclave assez courageux pour défendre sa vie contre un homme libre. Un autre article de cette loi est celui qui exige qu'un accusé soit confronté avec les témoins appelés à déposer contre lui, « car il faut bien que les témoins sachent que l'homme contre qui ils déposent est celui qu'on accuse, et que celui-ci puisse dire : ce n'est pas de moi dont vous parlez. » Un troisième article de la loi naturelle est celui qui déclare aussi insensé d'exiger d'une femme l'aveu de ses faiblesses, que de demander d'un homme qu'il ne cherche pas à défendre sa vie. Un quatrième article interdit au législateur de forcer une femme de déposer contre son mari, un enfant de déposer contre son père, et, en général, de faire violence à la voix du sang pour obtenir une révélation utile à la justice. « Pour venger une action criminelle, dit Montesquieu, on en ordonnerait une plus criminelle encore. » La répudiation aussi est contraire aux lois de la nature, ou la dissolution d'un mariage par un tiers, ainsi que cela se pratiquait chez les Romains. Je pourrais réunir bien d'autres citations qui nous montrent que, dans la pensée de Montesquieu, la loi naturelle n'est pas un vain mot, mais qu'elle forme pour ainsi dire tout un code, et qu'elle nous prescrit aussi bien ce qui est généreux que ce qui est juste. Ainsi, pourquoi sommes-nous si heureux au théâtre quand nous voyons représenter une action héroïque, quand on nous montre, par exemple, Hippolyte supportant la malédiction de son père et courant au-devant d'une mort certaine, plutôt que de révéler l'amour incestueux de sa belle-mère? « Ce sont, dit Montesquieu, les accents de la nature qui causent ce plaisir; c'est la plus douce de toutes les voix. »

Mais il n'est pas nécessaire d'aller aussi loin pour trouver dans l'*Esprit des lois* la consécration et la défense de la loi naturelle. Elle est le fond même de tout l'ouvrage, et dès le début nous voyons l'auteur, après l'avoir définie dans ses rapports avec tous les êtres, la revendiquer, pour le compte de l'homme, contre le matérialisme de Hobbes. La loi naturelle, en effet, quand on la distingue de la morale proprement dite, c'est l'ensemble de toutes les conditions de la société, c'est ce qui fait que la société est possible. Or, seul entre tous les philosophes du xviii° siècle, Montesquieu soutient que l'homme est né sociable. Quand même l'état sauvage aurait été son premier état, — et Montesquieu sur cette hypothèse ne prend aucun parti, — il en serait bientôt sorti pour se réunir à ses semblables, attiré par le charme de leur présence, par le bonheur de vivre avec eux, par le désir de satisfaire son envie de savoir, aussi bien que par le sentiment de sa faiblesse et de ses besoins. Rien n'est donc plus faux que la fameuse proposition de Hobbes, qui fait de l'état de guerre notre état naturel et la première loi de la nature. L'état naturel de l'homme, c'est la paix, c'est-à-dire la société, et c'est au sein même de la société que la guerre a pris naissance, par la révolte de l'intérêt particulier contre l'intérêt général, par l'envie qu'éprouve chacun de tourner à son profit les avantages communs. Comprimer ce principe de dissolution, qui menace la société aussitôt qu'elle existe, parce qu'elle seule nous donne le sentiment de nos forces; maintenir l'équilibre entre l'intérêt particulier et l'intérêt général, ou forcer le premier à se subordonner au second, tel est le but de toutes les lois, tant civiles que politiques et internationales; et ces lois, à leur tour, découlent toutes ensemble des conditions que la nature des choses impose à la société, c'est à-dire de la loi naturelle.

Mais après avoir établi l'existence et défini le caractère de cette loi, Montesquieu, cela est vrai, aime mieux l'étudier dans les diversités qu'elle emprunte aux diversités de la nature humaine, aux influences capables de modifier soit notre âme, soit notre corps, que de développer d'une manière abstraite ses préceptes généraux. De là la division, si arbitraire en apparence, de son ouvrage; ces trente et un livres, partagés à leur tour en cinq cent quatre-vingt-treize chapitres. Il n'est pas étonnant qu'on ait reproché à Montesquieu ce plan extraordinaire, qui paraît d'abord consister à n'en avoir aucun, et être destiné uniquement à dérouter le lecteur. Je conviendrai sans peine qu'il aurait pu être plus simple et plus naturel. Je reconnais une mise en scène indigne d'un grand homme dans ces courts chapitres souvent formés d'une seule phrase, et qui se succèdent, sans se lier ostensiblement, comme les oracles de la Pythie. Mais je suis de l'avis de d'Alembert. Sous cette confusion apparente, sous ce désordre artificiel, il y a un ordre véritable, qu'on découvre sans trop d'effort et qui ne reste pas suspendu un seul instant.

Des trente et un livres dont se compose l'œuvre de Montesquieu, les huit premiers nous montrent ce que deviennent les lois dans leurs rapports avec les gouvernements et avec les constitutions, c'est-à-dire avec la politique intérieure de chaque nation. Les deux livres suivants, le IX° et X°, nous les présentent dans leurs rapports avec la politique extérieure, c'est-à-dire avec la force offensive et défensive, et par conséquent avec le droit des gens. Dans le XI⁰ et le XII⁰ livre, nous passons de la politique générale, soit intérieure soit extérieure, à la liberté des citoyens, soit qu'on la considère dans ses rapports avec l'État ou dans ses rapports avec les particuliers. Cette même liberté, dans ses rapports avec l'impôt, augmentée ou diminuée, mise en péril puis en sécurité, suivant qu'on a adopté un système financier ou un autre, tel est l'objet du XIII⁰ livre. Viennent ensuite quatre livres entiers sur les rapports qu'ont les lois avec les climats, et un autre, le XVIII⁰, sur les rapports qu'elles ont avec la nature du sol et les occupations des peuples; un autre, le XIX⁰, sur leurs rapports avec les mœurs, le caractère et les coutumes de chaque peuple. Les trois livres suivants sont consacrés au commerce, à l'industrie et au crédit public; le XXIII⁰, à l'influence de la population; le XXIV⁰ et le XXV⁰, à l'influence de la religion et à celle qu'elle reçoit à son tour des lois politiques et civiles. Le XXVI⁰, un des plus importants, comme nous l'avons dit tout à l'heure, nous montre qu'il y a plusieurs ordres de lois, dont chacun a son domaine propre, déterminé par la nature des choses, et qui ne peuvent pas, sans se détruire et sans mettre la société en danger, empiéter les uns sur les autres. C'est là que se trouve établie l'existence de la loi naturelle; c'est là que Montesquieu s'efforce de prouver que le droit de succession est une institution civile et non pas un droit naturel; que la loi naturelle ordonne aux pères de nourrir leurs enfants, mais qu'elle ne les oblige pas de les faire héritiers; c'est là aussi que Montesquieu nous fait connaître ses vues sur les relations si difficiles de l'ordre civil et de l'ordre religieux. Le XXIXe livre nous enseigne de quelle manière les lois doivent être composées, comment il faut juger de l'intention et des conséquences véritables d'une loi, quel est l'esprit de sagesse et de modération qui doit diriger le législateur, quelles doivent être la clarté et la rigoureuse précision de son langage. Le XXVIIe et le XXVIIIe livre, ainsi que le XXXe et le XXXIe sont purement historiques. Les deux premiers contiennent l'histoire du droit de succession chez les Romains, et les deux derniers l'histoire du droit féodal, que Montesquieu n'a embelli que par un excès d'impartialité et pour établir, dans la succession des lois, la continuité de la raison humaine.

Il m'est impossible de le suivre au milieu des détails de cette œuvre si compliquée et si vaste sous un médiocre volume. Mais il me sera permis de rendre compte des principes qu'il a adoptés pour chaque sphère particulière du droit, pour chaque œuvre importante de la société : par exemple, pour le droit politique ou pour l'appréciation des gouvernements et des constitutions; pour le droit des gens, pour le droit civil, particulièrement dans ses rapports avec la liberté individuelle; pour le droit pénal, pour la liberté du commerce et de l'industrie, pour les rapports de l'État avec la religion, pour les rapports de l'État avec les mœurs, et enfin pour les conditions générales de toute législation. Je m'occuperai d'abord de la partie la plus brillante et, selon moi, la plus contestable de l'*Esprit des lois :* de l'idée que Montesquieu s'est faite des différentes formes de gouvernement et de l'influence qu'il leur attribue sur la société et sur les lois, sur l'éducation et sur les mœurs, sur la vie entière de l'homme.

CHAPITRE V

Les formes de gouvernement.

Tous les philosophes et tous les publicistes, soit de l'antiquité, soit des temps modernes, Platon, Aristote, Polybe, Cicéron, Machiavel, Bodin, Vico, sont tombés d'accord sur ce point, qu'il n'y a que trois formes de gouvernement, ou trois sociétés politiques véritablement distinctes l'une de l'autre : celle où le souverain pouvoir est entre les mains d'un seul : la monarchie absolue; celle où il appartient à une minorité privilégiée : l'aristocratie; celle enfin où il est exercé par le peuple tout entier ou par la plus grande partie du peuple : la démocratie. Montesquieu a cru devoir changer cette division, consacrée par la raison aussi bien que par le temps. Il a réuni sous un même nom, dans la république, l'aristocratie et la démocratie, tandis qu'il a adopté, pour le pouvoir absolu d'un seul, deux noms différents, tantôt celui de monarchie, tantôt celui de despotisme. Cette faute est grave; elle l'est encore plus chez Montesquieu que chez un autre, parce qu'elle le force à abandonner le terrain de l'histoire, seule base de ses recherches pour s'attacher à des distinctions indignes de lui et de la grandeur de son sujet.

Il est évident que le despotisme, tel qu'il le définit, tel qu'il le peint dans le plus célèbre et le plus court de ses chapitres, ne mérite pas le nom de gouvernement. C'est une domination sans passé et sans lendemain, sans souvenir et sans prévoyance, fondée uniquement par la force brutale, que la force brutale aussi, ou le hasard, renverse; inférieure même à ce que les anciens ont flétri du nom de tyrannie; car le tyran étant celui qui, dans un État républicain, s'était emparé de l'autorité suprême, rien ne l'empêchait de conduire les affaires de l'État avec justice e avec sagesse. Aussi l'histoire a-t-elle distingué de bons et de mauvais tyrans; il y en a même un

qu'elle a placé au nombre des sept sages de la
Grèce, et ce n'est pas celui qui a le moins mérité cet honneur.

En supposant que les expressions de Montesquieu aient été quelquefois au delà de sa pensée,
et qu'un État despotique soit pour lui un ordre
durable, une forme régulière de la société, alors
où est la différence entre le despotisme et la monarchie absolue, la seule, on le verra bientôt,
dont il soit ici question? La monarchie, nous
répond Montesquieu, a des lois; le despotisme
n'en a pas. Mais si le despotisme n'a pas de lois,
nous voilà retombés dans cette situation violente
et accidentelle que nous avons rayée de la liste
des gouvernements. Si, au contraire, il en a, et
il en a toujours, comme on peut s'en assurer par
l'exemple des principautés les plus tyranniques
de l'Orient, ces lois émanent de la même source
et possèdent le même degré d'autorité que celles
de la monarchie. C'est le prince tout seul qui les
a faites; lui seul aussi peut les abroger quand
il lui plaît. L'opinion et les mœurs, que le sage
monarque craint de blesser, sont aussi un obstacle
pour le despote, qui n'a pas moins de prudence.
Dans une monarchie, ajoute Montesquieu, il y a

des rangs intermédiaires entre le prince et le peuple ; au-dessus du dernier et au-dessous du premier vient se placer la noblesse, investie, par droit de naissance, des plus hautes dignités et des charges les plus considérables de l'État ; tandis que devant le despote, il n'y a que des égaux : tout est peuple à ses yeux, même ceux qu'il a faits les dépositaires de son pouvoir et les ministres tout-puissants de sa volonté ; qu'il dise un mot, et ils rentreront dans le néant d'où il les a fait sortir. Cette distinction ne manque pas de vérité en elle-même, mais elle s'applique beaucoup moins au despotisme et à la monarchie qu'à la monarchie pure et à une certaine monarchie mixte ; à la royauté absolue, telle que Richelieu l'a fondée, telle que Bossuet l'a prêchée, telle que Louis XIV l'a glorieusement représentée dans sa personne, et à cette royauté limitée, ou plutôt asservie par la noblesse, que rêvait l'imagination de Fénelon et que rêve peut-être avec lui plus d'un bel esprit de notre temps. Or, il est certain que ce n'est pas à celle-là que Montesquieu a pensé. Son argument tombe ainsi à faux, et Voltaire a raison contre lui lorsqu'il dit que la monarchie absolue et le despotisme sont deux frères jumeaux, qui se ressemblent tellement, qu'il est difficile de les distinguer l'un de l'autre.

C'est une erreur d'un autre genre, mais encore moins acceptable que la précédente, d'avoir confondu, sous un seul nom, deux gouvernements aussi opposés que l'aristocratie et la démocratie, c'est-à-dire le privilège et l'égalité, la tradition immuable d'une caste et le mouvement perpétuel des masses populaires. Cette erreur, Montesquieu lui-même la reconnaît et la répare, en grande partie, en consacrant toujours deux chapitres distincts aux deux formes politiques qu'il a vainement cherché à réunir.

Au lieu de trois sortes de gouvernements, Montesquieu en a donc réellement admis quatre, et encore peut-on lui reprocher une omission inexplicable. La théocratie a joué un assez grand rôle dans l'histoire pour mériter au moins un souvenir dans une œuvre comme l'*Esprit des lois*. La société théocratique se sépare de toutes les autres par une différence radicale. Elle ne reconnaît pour souverain, ni un prince, ni une caste, ni le peuple tout entier, mais un livre attribué à Dieu lui-même, et qui, pour raison, ne peut recevoir aucun changement de la main des hommes, auquel il n'est permis ni d'ajouter, ni de retrancher, et dont les maîtres de l'État, quelle que soit la forme de leur autorité, ne doivent être que les ministres et les fidèles interprètes. De là un système de politique et de législation, une manière particulière d'apprécier les actions humaines, de les récompenser et de les punir, qu'il serait hors de propos de développer ici, mais qui entrait nécessairement dans le plan de Montesquieu.

Après cette classification incomplète et cette définition inexacte des différentes espèces de gouvernement, Montesquieu veut nous apprendre quels sont leurs principes, c'est-à-dire, comme il prend soin de nous l'expliquer, quelles sont les passions humaines qui les font mouvoir. Le principe des gouvernements démocratiques est la vertu; celui de l'aristocratie, la modération; celui de la monarchie, l'honneur; et la crainte, celui du despotisme.

C'est ici surtout, devant des maximes aussi générales, affirmées d'un ton aussi résolu et acceptées avec une aveugle confiance, que la critique est obligée de se tenir sur ses gardes. Mais, avant de porter un jugement sur l'opinion de

Montesquieu, il est nécessaire de montrer sur quels fondements elle repose.

La vertu, non pas sans doute celle du chrétien et du philosophe, mais celle du citoyen ; le patriotisme, en un mot, est la condition première et même la seule condition de la démocratie, parce que la loi, sous un tel régime, ne pouvant être que l'expression de la volonté générale, aura les qualités et les vices de cette volonté elle-même. Elle sera bonne tant que la majorité de la nation restera libre et saine, tant que l'intérêt public l'emportera dans les cœurs sur l'intérêt privé, et l'amour de la justice sur les passions égoïstes et l'esprit de faction ; elle deviendra un instrument de ruine et d'oppression, dès que ces sentiments commenceront à s'affaiblir et qu'à la faveur d'une corruption toujours croissante, l'État se trouvera à la merci ou des plus violents ou des plus ambitieux. Ce que nous disons de la loi, il faut l'entendre aussi du gouvernement, car l'un et l'autre, dans un État populaire, sont entièrement subordonnés à la volonté, par conséquent à la moralité du grand nombre.

Montesquieu ne nie pas que la vertu ne puisse également trouver sa place sous l'empire d'une constitution aristocratique. La caste privilégiée, qui possède en commun les attributions de la souveraineté, joue le même rôle qu'on donne ailleurs au peuple tout entier, et doit être dirigée, jusqu'à un certain point, par le même principe. Mais ce n'est pas là qu'est le caractère propre d'une aristocratie. Ce qui distingue essentiellement cette organisation de la société au milieu de toutes les autres, c'est la condition humiliante à laquelle elle réduit la masse de la nation, c'est la barrière infranchissable qu'elle élève entre le peuple et les patriciens. Or, pour que cette barrière puisse tenir au moins quelque temps contre la puissance des révolutions, il ne faut pas que les patriciens fassent trop sentir leur autorité; ils s'efforceront, au contraire, quand les circonstances le permettront, de la dissimuler; ils se montreront aussi attentifs à se réprimer eux-mêmes qu'à contenir la multitude; ils soumettront toute leur politique aux conseils de la modération.

Il faut une base toute différente à la monarchie. Là, si nous en croyons Montesquieu, la modération est superflue, et la vertu non seulement inutile, mais dangereuse. L'une et l'autre seront remplacées avantageusement par l'honneur. Or, l'honneur, pour Montesquieu, ce n'est pas ce que ce mot rappelle de plus noble et de plus généreux : le respect de soi-même, le désir de conserver le nom qu'on porte, si obscur que soit ce nom, à l'abri de toute souillure ; le droit de le venger des outrages, en lui donnant d'abord pour sauvegarde une conscience sans reproche ; non, l'honneur que veut nous peindre ici l'auteur de l'*Esprit des lois* n'est pas autre chose que « le préjugé de chaque personne et de chaque condition. » Comment supposer que, dans une monarchie, ce sentiment puisse tenir la place de l'amour de la patrie, de l'amour de la vraie gloire, de l'abnégation de soi-même et de toutes les mâles vertus du citoyen ? Il en est, selon Montesquieu, d'un État de cette espèce comme du système de l'univers. A quoi tiennent l'harmonie et le mouvement de l'univers ? A l'action de deux forces, dont l'une pousse les corps à s'éloigner sans cesse de leur centre, tandis que l'autre les y ramène. L'honneur, dans les pays monarchiques, remplit à la fois ces deux rôles. Il produit cette diversité de rangs, de conditions, d'états, qui en distinguant la monarchie des autres formes de gouvernement, fait aussi mesurer la hauteur où est placé le prince. Par le désir qu'il inspire d'acquérir sans cesse de nouvelles distinctions ou de passer d'un rang à un autre plus élevé, il entretient dans toutes les parties du corps social le mouvement, l'activité, l'intelligence, la vie, « et il se trouve, dit Montesquieu, que chacun va au bien commun, croyant aller à ses intérêts particuliers ». Les philosophes et les moralistes appelleront cela un faux honneur. Qu'importe, si ce faux honneur est aussi utile à l'État que le vrai le peut être aux particuliers?

Tel qu'il est, ce principe est encore trop généreux pour n'être point mortel aux gouvernements despotiques. Où il n'y a que des égaux, personne n'a le droit de se préférer aux autres. Où il n'y a que des esclaves, un homme ne peut se préférer à rien. D'ailleurs, l'honneur, même le faux honneur, a ses lois, qui ne fléchissent devant aucune nécessité. Or, toute loi de cette espèce, toute règle indépendante de la volonté souveraine, est incompatible avec l'idée même du despotisme. L'honneur, sous un pareil régime, sera remplacé par la crainte, la seule passion qui reste à la servitude. Mais cette situation, quand

elle s'étend à tout un peuple, est trop violente
pour durer. Il suffit donc au despote, et ce sera
même le chef-d'œuvre de sa politique, de faire
trembler ceux qu'il a élevés au faîte des gran-
deurs, tandis que les autres jouiront de toute la
sécurité qui peut exister sans les lois. De cette
façon, tout sera nivelé devant lui, il n'y aura
dans l'État d'autre pouvoir que le sien. L'homme
sera exactement ce qu'il doit être, sous un gouvernement de cette espèce : « une créature qui
obéit à une créature qui veut ».

Si cette théorie est devenue presque un axiome
de philosophie politique, c'est grâce à l'esprit avec
lequel elle est défendue, et qui, par moments,
donne presque raison au mot de madame du
Deffand ; c'est grâce à la forme étincelante sous
laquelle elle est exposée, et aux observations
pleines de finesse ou de profondeur dont elle est
le prétexte, encore plus que le résultat. Mais
quand on l'examine sans prévention, à la lumière du bon sens et des faits, on voit qu'elle
donne prise à des objections insurmontables.

Oui, sans doute, les quatre principes invoqués
par Montesquieu, la vertu, où plutôt le patriotisme, la modération, l'honneur, la crainte, sont

les ressorts les plus ordinaires de la vie des peuples et de la conduite des gouvernements. Mais, d'abord, n'y a-t-il rien à ajouter à ces principes ? La vertu, par exemple, est-elle le seul soutien de la démocratie ? Pour obtenir de chaque citoyen qu'il regarde la chose publique comme la sienne et lui sacrifie toute son existence, ne faut-il pas qu'il y soit intéressé au même degré que les autres ? que cette chose publique à laquelle il se dévoue soit réellement digne de ce nom, ou que l'égalité la plus parfaite règne dans l'État aussi loin que s'étend son pouvoir et celui de la loi ! L'égalité ! tel est l'esprit véritable des sociétés démocratiques, le but de leurs institutions, l'élément hors duquel elles ne peuvent ni vivre, ni se mouvoir. Je ne nie pas que la vertu n'ait joué un grand rôle dans les républiques de l'antiquité, mais l'égalité ne l'a que trop souvent emporté sur elle et sur les droits de la justice, sur les plus chers intérêts de la patrie. Qu'on se rappelle seulement la loi de l'ostracisme, qu'Aristote lui-même et l'auteur des *Discours sur Tite-Live* considèrent comme une nécessité de la démocratie. Quel sens avait cette loi, sinon qu'il valait mieux se passer des services d'un grand homme, qu'il valait mieux priver la patrie de son plus héroïque défenseur et de son plus sage conseiller, qu'il valait mieux fouler aux pieds les saintes lois de la reconnaissance, que de voir une tête illustre s'élever au-dessus du niveau commun? Qu'on songe aux dissensions qui, dans les jours mêmes les plus florissants de la république, n'ont cessé d'agiter la ville éternelle. Quel en était le motif? le patriotisme ou l'égalité? C'était sans nul doute, l'égalité qui, poursuivie à outrance par les plébéiens, refusée avec obstination par les patriciens, a fini par devenir le niveau de la honte et de la servitude, sous le sceptre des Tibère, des Néron, des Domitien et des Caligula.

Au principe de l'égalité, les démocraties modernes en ont ajouté un autre : la liberté, c'est-à-dire l'affranchissement de l'individu, le respect de la personne humaine, dont les droits toujours sacrifiés à ceux de l'État n'ont pas même été soupçonnés par les républiques de l'antiquité. Personne ne contestera le caractère démocratique des institutions qui régissent les États-Unis. Peut-on dire cependant que la société américaine soit la plus vertueuse du monde? Peut-on même lui reprocher de pousser jusqu'à l'excès l'amour de la pauvreté et de l'égalité? Non; ce qui a donné naissance à la république des États-Unis, ce qui fait l'âme de son gouvernement et de ses lois, c'est l'amour de la liberté... bien entendu, dans la mesure où elle peut se concilier avec ses intérêts matériels.

En admettant que les quatre principes reconnus par Montesquieu suffisent à nous expliquer la vie civile de tous les peuples, à nous rendre compte de leurs institutions et de leurs lois, il reste encore à examiner si ces différents mobiles sont tellement isolés l'un de l'autre que, pour chaque espèce de gouvernements, on n'en puisse admettre qu'un seul : la crainte pour le despotisme, pour la monarchie l'honneur, la modération pour l'aristocratie, et, pour les États démocratiques, la vertu.

Laissons de côté le despotisme, tel que Montesquieu l'a défini, puisqu'il n'existe pas un seul État, véritablement organisé, où l'on puisse le rencontrer sous cette forme. Prenons le pouvoir absolu à sa plus haute puissance; considérons-le chez les peuples de l'Orient, dont il paraît être le gouvernement naturel, et où il est presque

aussi vieux que la société elle-même. Eh bien!
là, si redouté qu'il puisse être, il a pour principal appui le sentiment religieux. Le prince, aux
yeux de ces races primitives, est le délégué de
Dieu, son représentant visible sur la terre, et à
ce titre il obtient, non seulement l'obéissance,
mais le respect et l'amour. Il y a dans la société
orientale, comme dans celle de l'Occident, une
grande diversité de rangs et de conditions ; il y
a autre chose que des conditions, il y a des castes absolument fermées les unes aux autres, et
dont chacune a ses traditions, ses préjugés, ses
sentiments d'honneur, plus forts que la volonté
du monarque absolu. On ne trouve donc, dans les
États despotiques, ni cette toute-puissance, ni
cette égalité de la servitude que Montesquieu a
rêvées.

L'honneur véritable, ou pour l'appeler de son
vrai nom, le sentiment du devoir, l'amour du
bien, n'est pas plus étranger à la monarchie, que
le faux honneur dont je viens de parler n'est
étranger au despotisme. Je ne parle pas des diverses
espèces de monarchie constitutionnelle, mais de la
monarchie absolue de Louis XIV, et en général
de la vieille monarchie française. Est-il vrai,

tant que ce régime a duré, que la France, que l'Europe entière n'a pas connu de sentiments plus nobles que la vanité et l'ambition? Poser la question en ces termes, c'est la résoudre. Les grands noms, les grandes actions, les illustres dévouements, se pressent en foule dans la mémoire pour protester contre cette calomnie. Chaque état, chaque profession, chaque condition sociale pourrait citer les siens, depuis cette humble famille de paysans qui nous a donné Jeanne d'Arc, jusqu'à cette branche de la maison royale qui a produit le grand Condé. La langue elle-même, la vieille langue française, a été méconnue par Montesquieu, dans le mot qui lui est précisément le plus cher. Quand madame d'Aguesseau, croyant le chancelier son mari sur le point d'aller expier à la Bastille sa légitime résistance à la volonté de Louis XIV, lui adressa ces nobles paroles : « Allez, monsieur, et quand vous serez devant le roi oubliez femme, enfants ; perdez tout, excepté l'*honneur!* » Que pouvait-elle entendre par là, sinon la voix de la vérité et de la conscience ?

On n'admettra pas davantage que la modération soit uniquement à l'usage de l'aristocratie. La modération est nécessaire à tous les gouvernements; car ils ne tombent, en général, que par leurs propres excès. Une société, un régime, un pouvoir quelconque, qui manque de modération, est condamné à une chute inévitable. Le principe de l'aristocratie, c'est l'honneur, j'entends le faux honneur, à plus juste titre encore que de la monarchie; car les rangs et les classes y sont plus séparés que dans un État monarchique. Jamais le patricien ne voudra mêler son sang à celui du plébéien qu'il opprime et méprise. Il faut à l'aristocratie un soutien encore plus énergique; il faut qu'elle soit assez forte pour se faire craindre : Venise, avec ses inquisiteurs d'État ; Carthage avec sa manière de punir les généraux vaincus; Sparte, avec sa tyrannie militaire, n'étaient pas des gouvernements très modérés.

CHAPITRE VI

Conséquences des différentes formes de gouvernement.

Après avoir expliqué la nature et les principes des différents gouvernements, Montesquieu nous montre que chacun d'eux, en raison de la force générale qui l'anime, apporte avec lui un système particulier d'éducation, de législation, d'économie politique, d'attaque et de défense contre les États étrangers, et, enfin, qu'il a aussi ses causes particulières de révolution et de décadence. Rien de plus logique que cette méthode. C'est celle du naturaliste qui, après nous avoir fait connaître la structure d'un être et les instincts ou les passions qui le font mouvoir, nous met aussi dans le secret des désordres qui amènent la décrépitude et la mort. Mais cette manière d'exposer l'histoire de la politique et de la jurisprudence a ses dangers. Les erreurs s'y enchaînent aussi étroitement que les vérités. Une erreur, quand elle nous échappe, n'y est jamais isolée, mais en entraîne à sa suite beaucoup d'autres qui en sont les conséquences nécessaires. Nous nous sommes convaincus que sur la nature et les principes des gouvernements, Montesquieu s'est trompé en grande partie, et qu'il s'est trompé, parce qu'en dépit de son but et de son plan général, il a mieux aimé suivre son esprit que l'expérience des siècles et rechercher l'effet que la vérité. Nous allons nous assurer qu'il s'est trompé également dans quelques-unes des applications qu'il a voulu faire de cette théorie trop absolue. Je commence par la plus importante : celle qui se rapporte à l'éducation.

On peut accorder à Montesquieu que l'éducation en général reçoit l'influence des gouvernements, et qu'elle n'est pas entièrement la même sous le despotisme que sous une monarchie organisée, sous une monarchie que sous une république aristocratique ou populaire. Mais il n'est pas vrai que, dans nos sociétés modernes, cette influence soit aussi irrésistible qu'il l'imagine. Il n'est pas vrai qu'il y ait un système d'éducation uniquement fondé sur la crainte et propre seulement aux États despotiques; un autre fondé sur l'honneur et propre seulement aux États monarchiques; un troisième fondé sur la vertu et propre aux démocraties. S'il en était ainsi, il faudrait désespérer de la morale, de la religion, de la liberté, de la nature humaine. Les âmes aussi bien que les corps seraient livrés à la merci de celui ou de ceux qui exerceraient le pouvoir. Mais, grâce au ciel, cela n'est pas et ne sera jamais, tant qu'au-dessus des lois politiques on reconnaîtra la voix du sang et de la conscience. Prenez le plus détestable des gouvernements, celui qui à peine en mérite le nom, le gouvernement despotique. Imaginez un despote aussi puissant que vous voudrez. Est-ce que cet homme, s'il ne règne pas dans un désert, dans une forêt, sur un peuple de sauvages, pourra se passer dans son État des sciences, des arts, de toutes les connaissances, en un mot, qui font la puissance et la grandeur des États voisins? Lui sera-t-il possible de fermer ses États aux principes de justice et d'égalité, au moins devant Dieu, qui sont aujourd'hui le fondement de toutes les religions? Sera-t-il en son pouvoir, non pas d'établir, mais de maintenir, même s'ils existent, cet abaissement complet des âmes et cette nuit profonde des intelligences que Montesquieu nous représente comme une conséquence nécessaire, ou l'une des premières conditions du despotisme? C'est une preuve de plus que le despotisme, tel qu'il l'a défini, n'a jamais existé que par accident, et qu'il a toujours disparu avant qu'il ait pu s'occuper de l'éducation de ses victimes.

Plaçons-nous maintenant à l'autre extrémité de l'échelle politique que Montesquieu nous a tracée, et voyons ce que devient l'éducation dans une démocratie, c'est-à-dire sous l'influence de la vertu. La vertu, pour l'auteur de l'*Esprit des lois*, se confond avec le patriotisme : c'est le sacrifice de l'intérêt individuel à l'intérêt commun, et de l'esprit particulier des familles ou des classes à l'esprit général de la nation, à l'amour de ses institutions, de ses lois et du peuple tout entier. Ce qui résulte manifestement de ce principe, c'est que, dans une démocratie, l'éducation doit être publique, et qu'il n'y a véritablement d'éducation publique que sous un tel régime.

L'histoire de notre pays, et celle de toutes les contrées de l'Europe qui ont marché sur nos traces, en est une preuve. Jusqu'en 1789, les grands seigneurs faisaient élever leurs enfants dans leurs hôtels par des gouverneurs de leur choix. La bourgeoisie faisait élever les siens par des congrégations religieuses qui ne tenaient leur mission que d'elles-mêmes, et, quant au peuple, on le laissait croupir dans une entière ignorance. C'est la Convention nationale qui, en créant l'école, ou plutôt les écoles normales, le 30 octobre 1794, et les écoles centrales, le 2 février 1795, a posé les premières bases de notre système d'éducation publique, perfectionné successivement ou modifié par les gouvernements suivants. Les pays voisins qui nous ont emprunté les principes de 1789, la Belgique, le Piémont, l'Espagne même, se rapprochent plus ou moins de notre système d'éducation publique. Dans les pays aristocratiques comme l'Angleterre, l'enseignement supérieur est abandonné à des corps privilégiés et indépendants, les universités d'Oxford et de Cambridge, et l'enseignement inférieur, tant primaire que secondaire, y est à la merci des institutions et des congrégations particulières.

Mais quoi! parce que dans un État où règne le droit commun, c'est-à-dire le principe le plus essentiel de la démocratie, l'éducation doit être publique, faut-il qu'elle le soit de telle manière, qu'il n'y ait plus aucune place pour les influences particulières? Autant vaudrait abolir les droits et jusqu'à l'existence de la famille. Faut-il qu'elle s'impose par la violence ou par la contrainte? L'État doit-il être autorisé à se faire livrer, sous des peines plus ou moins graves, tous les enfants du pays, afin de les façonner à son gré? Autant voudrait supprimer les libertés au profit d'un despotisme collectif non moins impitoyable que le despotisme individuel. Montesquieu admet cette double conséquence pour le compte de la démocratie. Il les croit nécessaires l'une et l'autre au soutien de ce régime. Mais, étrange illusion de la part d'un si grand esprit! sait-on quels sont ses exemples et ses preuves? Les républiques guerrières de la Crète et de Lacédémone, où, selon son propre aveu, l'on n'était ni enfant, ni mari, ni père, et où la pudeur même était proscrite. Mais les républiques de la Crète et de Lacédémone étaient des aristocraties, organisées pour la guerre, c'est à-dire pour l'orgueil et pour la force, non pour la vertu. Et quant au Paraguay, au Paraguay des jésuites, que Montesquieu nous présente également comme un modèle de gouvernement et d'éducation démocratique, c'était le régime du cloître et autre chose encore : c'était la théocratie, une forme de gouvernement qui a joué un grand rôle dans l'histoire, et que Montesquieu a oublié de compter. A Athènes, où le principe démocratique a été poussé à ses dernières conséquences, revêtant tour à tour la forme de la démagogie et celle de la dictature, nous ne voyons pas que l'éducation ait été publique; nous trouvons même la preuve du contraire dans l'accueil empressé qu'y trouvaient les sophistes, et dans le prix exorbitant qu'ils mettaient à leurs leçons. Une démocratie qui n'est pas vouée uniquement au métier des armes, mais qui vit par le travail, est obligée d'admettre autant de diversité dans l'éducation qu'il y en a dans les professions et dans les arts qui s'exercent au milieu d'elle.

Montesquieu se trompe encore, mais en partie seulement, quand il prétend que dans les États monarchiques, l'éducation dirigée par l'honneur a uniquement pour but de nous distinguer de nos concitoyens, de montrer que nous appartenons à un des rangs les plus élevés de la société et d'attirer sur nous les regards par tout ce qui peut nous donner de l'éclat; par des qualités plutôt brillantes que solides et qui tournent à la magnificence plus qu'à l'abnégation; par des mœurs plutôt élégantes et empreintes d'une certaine hardiesse, qu'irréprochables; par des manières plutôt raffinées que bienveillantes, plutôt propres à nous faire briller nous-mêmes qu'à témoigner de la bienveillance envers les autres. C'est là ce que signifient les trois règles fondamentales de l'éducation monarchique: « Il faut mettre dans les vertus une certaine noblesse, dans les mœurs une certaine franchise, dans les manières une certaine politesse. »

Montesquieu aurait raison s'il ne parlait que des classes aristocratiques sous une monarchie absolue, ou d'une noblesse de cour, qui, ne trouvant aucun emploi à ses facultés, qui, n'ayant aucune part à la vie publique et arrachée par la vanité du prince à l'administration de ses terres et de ses châteaux, n'a pas d'autre moyen de se signaler que le faste, la galanterie et le raffinement le plus outré dans les relations de la société.

De là la vie élégante et langoureuse, l'oisiveté maniérée de Marly et de Versailles, dont nous avons un reflet dans les romans du temps, dans *la Clélie, le Grand Cyrus* et toutes ces mièvreries et niaiseries qu'on voudrait nous faire admirer après des siècles d'oubli et de dégoût mérités. Mais les observations de Montesquieu ne peuvent s'appliquer en aucune manière aux autres classes de la société monarchique, même telle qu'elle existait au temps de Louis XIV. Elles ne s'appliquent pas aux parlements, au clergé, au corps enseignant, à la bourgeoisie, à la noblesse de campagne, et moins encore aux paysans, en un mot à ceux qui travaillaient de leur esprit ou de leurs mains. Elles ne s'appliquent pas davantage à l'aristocratie anglaise qui, au lieu de faire la roue dans les antichambres de la royauté, lui dictait des lois ou du moins l'obligeait de compter avec elle à la Chambre des lords.

Montesquieu n'est dans le vrai que lorsqu'il distingue dans nos sociétés modernes trois éducations différentes et même contraires : « celle de nos pères, celle de nos maîtres, celle du monde. C'est-à-dire celle de l'école, celle de la famille, celle de l'expérience et de l'exemple. Mais d'où

vient cette diversité? Est-ce uniquement comme il
le dit, « du contraste qu'il y a parmi nous entre
les engagements de la religion et ceux du monde?
Ce contraste, absolument inconnu aux anciens,
comme il le remarque avec beaucoup de justesse
y est bien pour quelque chose; mais la famille,
telle qu'elle est constituée chez les peuples modernes, y joue encore un plus grand rôle.
Chaque famille a ses traditions, ses affections,
son influence propre, ses souvenirs et pour ainsi
dire son esprit, que ni l'école, ni le monde, ni la
religion même ne peuvent effacer complètement,
qu'il serait d'ailleurs impie de détruire. A plus
forte raison la famille résiste-t-elle à la volonté
d'un despote ou à la puissance de l'État, sous
quelque forme qu'elle se manifeste. Le souvenir
de la famille, l'autorité de la religion, supérieure
à celle des lois, auraient dû suffire pour préser-
ver Montesquieu des erreurs où il est tombé au
sujet de l'éducation. L'idée de la liberté, qu'il
a si bien défendue ailleurs, le sentiment de
la diversité des facultés humaines, auraient dû
également le sauver des erreurs qu'il professe
relativement au luxe des nations.

Si nous voulions en croire l'auteur de l'*Esprit*

des lois, l'égalité des fortunes, et, comme condition de l'égalité des fortunes, la pauvreté, serait la condition et par cela même la conséquence inévitable de l'État démocratique; tandis que l'inégalité des fortunes, et comme signe de cet état de choses, le luxe et la richesse, seraient la conséquence de la monarchie et du despotisme. Voici ses principaux arguments :

Un gouvernement démocratique ou républicain (car ces deux choses sont très souvent confondues dans Montesquieu), un gouvernement démocratique ne peut subsister que par l'égalité; non seulement par l'égalité des droits, mais par l'égalité des biens, l'inégalité devant amener tôt ou tard la domination du riche et la servitude du pauvre. Remarquons en passant le changement qui s'est fait dans la théorie des gouvernements, et combien l'auteur nous donne raison. C'était d'abord la vertu qui devait être l'âme, le principe des démocraties; c'est maintenant l'égalité. Or, « pour que les richesses restent également partagées, il faut que la loi ne donne à chacun que le nécessaire. Si l'on va au delà, les uns dépenseront, les autres acquerront, et l'inégalité s'établira. » De là la conclusion que la république n'est possible qu'avec la pauvreté; parce que la pauvreté ce n'est pas seulement l'égalité, c'est le patriotisme et la vertu. « A des gens, dit Montesquieu, à qui il ne faut rien que le nécessaire, il ne reste à désirer que la gloire de la patrie et la sienne propre. »

Par une raison contraire, il faut à la monarchie et même au despotisme le luxe et la richesse. D'abord le luxe se produira de lui-même, par l'inégalité des conditions, surtout quand les diverses classes de la société se montrent les unes à côté des autres dans un grand centre de population, dans une immense capitale. « Plus il y a d'hommes ensemble, plus ils sont vains et sentent naître en eux l'envie de se signaler par de petites choses. Ceux qui sont inconnus les uns aux autres cherchent à se distinguer par le luxe. Chacun prend les marques de la condition qui précède la sienne, et cela même devient insuffisant, parce qu'à force de vouloir se distinguer, tout devient égal... » Puis le luxe est nécessaire à une monarchie; il est le principe de l'inégalité des conditions et le moyen de l'entretenir, autant qu'il en est la conséquence. Il est indispensable à la splendeur des rangs et surtout du rang suprême, du trône et de la cour. Ce que nous disons de la monarchie s'applique également au despotisme. Le luxe et l'abus de la richesse sont nécessaires à celui qui commande comme à celui qui obéit. « Un esclave choisi par son maître pour tyranniser d'autres esclaves, incertain pour le lendemain de la fortune de chaque jour, n'a d'autre félicité que celle d'assouvir l'orgueil, les désirs et les voluptés de chaque jour. »

L'aristocratie se trouve dans une autre position, selon Montesquieu. Elle n'est pas tenue de se condamner à une pauvreté aussi absolue que la démocratie; mais si elle a des richesses, elle est obligée de les dissimuler aux yeux du peuple, dans la crainte d'exciter sa colère et son envie; elle est obligée de les dépenser dans l'intérieur de ses palais, loin des regards, ou dans des lieux plus secrets encore. « Il n'y a, dit Montesquieu, que des gens très pauvres qui ne peuvent pas recevoir, et des gens très riches qui ne peuvent pas dépenser. » Il nous cite l'exemple de Venise, où les nobles sont tellement accoutumés à l'épargne, qu'il n'y a que les courtisanes qui puissent leur faire donner de l'argent. « Les femmes les plus méprisables y dépensent sans danger, pendant que leurs tributaires y mènent la vie du monde la plus obscure. »

Toutes ces antithèses sont fort spirituelles, mais la vérité les repousse. Opposons d'abord à Montesquieu l'autorité des faits : Athènes était une démocratie, et l'on sait que cette ville, modèle éternel d'élégance et de splendeur, patrie des arts et de la civilisation la plus raffinée, ne professait pas un amour ardent pour la pauvreté. Si la démocratie des États-Unis ne brille pas, comme celle d'Athènes, par la politesse et les arts, on ne peut pas lui faire le reproche de détester les richesses et de ne rien faire pour les acquérir. S'il est vrai que la monarchie est toujours environnée d'un certain éclat, il n'en est pas de même du despotisme. Les rois de Prusse Frédéric-Guillaume Ier et Frédéric-Guillaume II ; le roi de Suède Charles XII, et combien d'autres encore, sont cités dans l'histoire pour la simplicité de leurs mœurs et même pour leur parcimonie. Il est tout aussi impossible de soutenir qu'une aristocratie est obligée de se renfermer dans la médiocrité et de s'abstenir, sous peine de révolution, de toute splendeur extérieure. Toute aristocratie ne ressemble pas nécessairement à l'aristocratie vénitienne. Celles de Gênes, de Pise, de Milan, de Florence, car Florence était une véritable aristocratie sous le nom d'une république démocratique, étaient bien différentes. L'aristocratie anglaise qui joue un si grand rôle dans l'État, et qui seule l'a fait ce qu'il est, ne s'est jamais imposé la loi de cacher ses richesses, plus considérables peut-être que celles de toutes les aristocraties du monde. C'est par là même qu'elle est populaire et qu'elle accomplit de si grandes choses.

Voilà, dis-je, quels sont les faits. Mais ces faits ont leur raison d'être. Pourquoi donc le luxe et les richesses, qui en sont la véritable source, sont-ils indépendants de la forme du gouvernement, et les rencontrons-nous aussi bien sous les constitutions qui semblent les exclure, que dans celles qui les réclament impérieusement? C'est que d'abord il ne suffit pas que le luxe et les richesses soient à leur place sous une monarchie ou sous un gouvernement despotique; il faut encore qu'il y ait une puissance, une force, des facultés propres à les produire: or, ces facultés, la monarchie ne les fait pas naître là où elles n'existent pas dans le génie du peuple, et la démocratie ne peut les détruire là où elles existent.

La forme du gouvernement ne change pas la nature et les aptitudes des nations, et réciproquement, les nations, comme les individus, ne se laissent pas façonner au gré de ceux qui exercent le pouvoir. Une nation industrielle, une nation commerçante, une nation propre à la culture des arts, donnera l'essor à son génie, quelles que soient les constitutions et les lois qu'on lui impose; elle renversera ces constitutions et ces lois, plutôt que de faire violence à ses dispositions naturelles.

Ensuite, il est faux de dire que l'homme soit tellement esclave de sa position et de sa fortune, qu'il ait si peu d'empire sur sa volonté, ses mœurs, ses sentiments et ses idées, qu'il ne puisse être libre que dans la pauvreté, qu'il soit fatalement condamné à l'oppression et à la servitude, à la corruption publique et privée, dès que le luxe et les richesses commencent à se répandre. Les sociétés modernes ne ressemblent pas aux sociétés antiques, souillées par la plaie de l'esclavage. Elles vivent par le travail, par l'industrie; si l'industrie répand le goût du luxe, elle répand aussi le bien-être sur des classes souffrantes, qu'il est impossible d'appeler à la vie morale, à la vie religieuse, à la vie intellectuelle, à la vie politique, si l'on n'apaise chez elles les premiers besoins, si on ne les soustrait à l'étreinte de la faim et de la misère.

Les richesses, il est vrai, produisent l'inégalité ; mais ce n'est point cette inégalité immuable qui accompagnait les castes dans l'antiquité et au moyen âge. L'inégalité des richesses, quand elle se montre à côté de l'égalité dans le droit, de l'égalité dans la liberté, change fréquemment de place. Car celui qui se livre à l'oisiveté et au désordre perd sa fortune ; celui qui soutient un travail sans relâche et qui, dans un État libre, use de ses droits pour exercer ses facultés, ses talents, ses forces, celui-là arrive à la fortune, à la réputation, ou réussit au moins à se placer à l'abri du besoin. Les richesses et le luxe sont le fruit naturel de l'industrie, l'industrie est la plus haute expression du travail ; mais le travail, le travail libre, encouragé par l'opinion, secondé par la science, est la condition de toute dignité et de toute moralité humaine, la base de la famille aussi bien que de l'État, la première garantie de la liberté.

Enfin, toute richesse est-elle nécessairement

propre à énerver les âmes et à corrompre les mœurs? Outre les richesses matérielles, n'y a-t-il pas, si je puis les appeler ainsi, les richesses morales, les richesses intellectuelles, les richesses artistiques? Sans le bien-être que l'industrie nous assure, où trouver le loisir nécessaire pour la culture des lettres, des sciences et des arts? Puis, les arts, à les considérer en eux-mêmes, les beaux-arts ne sont-ils pas le plus grand de tous les biens? Et quel moyen est plus propre à élever les âmes, à donner un noble essor à l'imagination et au sentiment, pourvu qu'ils ne se montrent pas infidèles à leur mission, et qu'au lieu de flatter les penchants honteux de notre nature, ils soient l'expression du beau et du grand, la beauté morale, devenue visible à nos yeux, la splendeur que Dieu a répandue sur la nature, rendue accessible à nos sens?

Je pourrais élever d'autres objections contre la théorie de Montesquieu sur l'étendue des États. Il veut que la république ne règne que sur un territoire borné, la monarchie sur un territoire moyen et le despotisme sur de vastes conquêtes et des nations innombrables. « Les fleuves, dit-il (livre VIII), courent se mêler dans la mer; les

monarchies vont se perdre dans le despotisme. »
Je pourrais lui opposer les États-Unis, qui forment une république aussi vaste que toute l'Europe ; Carthage qui a eu l'honneur d'être la rivale de Rome, et Rome républicaine qui a été la maîtresse de l'univers. Je pourrais lui opposer l'Angleterre monarchique, qui ne règne pas sur un territoire moyen, mais sur d'immenses colonies, dont l'une ne compte pas moins de deux cents millions d'âmes. Je pourrais lui opposer Monaco et le duché de Modène, qui sont des États despotiques. Mais les critiques de détails ne nous apprendraient rien au delà de ce que nous savons déjà : que Montesquieu a trop abusé de son esprit et de la figure de l'antithèse dans la division des gouvernements et dans la distinction des principes qui les font mouvoir. J'aime mieux rappeler avec quelle sagacité, avec quelle profondeur de bon sens et quelle exactitude d'observation, il nous explique la décadence et la chute des États.

Les gouvernements, selon lui, périssent par deux causes : quand ils abandonnent les principes sur lesquels ils sont fondés et quand ils les exagèrent. Ils abandonnent leurs principes quand, par exemple, la république laisse pénétrer dans son sein la corruption et avec la corruption, l'ambition du pouvoir, l'inégalité des droits et des conditions ; quand la monarchie laisse périr dans son sein le principe d'autorité, et enfin quand le despotisme reste ce qu'il est ; car ainsi que Montesquieu le remarque avec raison : « Il est corrompu de sa nature. »

Mais les gouvernements périssent plus souvent en exagérant leurs principes qu'en les abandonnant ; la république, en poussant les idées d'égalité et de liberté jusqu'à la confusion et à la licence, jusqu'à l'avilissement le plus complet de ses propres magistrats, et la monarchie, en poussant le principe d'autorité jusqu'à l'arbitraire ; une monarchie est perdue, selon Montesquieu, dès l'instant que le monarque peut dire : « l'État c'est moi. »

Les États ne durent et ne se perfectionnent que par la réunion de ces deux choses : la vertu et la liberté ! « La place naturelle de la vertu, dit Montesquieu, est auprès de la liberté ; mais elle ne se trouve pas plus auprès de la liberté extrême qu'auprès de la servitude. » Ces mots nous annoncent une nouvelle forme de gouvernement, dont Montesquieu n'a pas parlé jusqu'à présent, mais dont il va nous entretenir avec respect et avec amour, et qui est l'idéal vainement cherché ailleurs par sa calme et haute intelligence.

CHAPITRE VII

La liberté politique.

On a dû remarquer que dans les gouvernements dont Montesquieu nous a entretenus jusqu'à présent, la liberté n'a aucun rôle, et n'est pas comptée parmi les principes qui leur donnent le mouvement et la vie. Pourquoi cela? Parce que, selon l'auteur de l'*Esprit des lois*, aucun de ces gouvernements ne mérite d'être appelé un gouvernement libre. Cela est évident pour le despotisme et pour la monarchie absolue, puisqu'il n'existe point deux idées plus opposées que celle de la liberté et d'une autorité sans bornes. Cela est évident encore pour l'aristocratie, où la plus petite partie du peuple exerce sur la plus grande une domination héréditaire qui n'est limitée que par sa propre prudence. Mais Montesquieu prétend, contre l'opinion commune, qu'il en est de même dans un État populaire. Le pouvoir du peuple, comme il le remarque avec raison, ne doit pas être confondu avec la liberté du peuple. « La liberté politique ne consiste point à faire ce que l'on veut. » En quoi donc consiste-t-elle? Citons religieusement ses propres paroles, car elles mériteraient d'être gravées en tête des constitutions et des législations de tous les peuples civilisés.

« Dans un État, c'est-à-dire dans une société où il y a des lois, la liberté ne peut consister qu'à pouvoir faire ce que l'on doit vouloir et à n'être point contraint de faire ce que l'on ne doit pas vouloir. » Ce que l'on doit vouloir, c'est ce qui est raisonnable et juste ; ce que l'on ne doit pas vouloir, c'est ce qui n'est ni l'un ni l'autre. Par conséquent, la liberté consiste à agir conformément à la raison et à la justice, à notre droit et à celui des autres, et à s'abstenir de ce qui leur est contraire.

Mais dans quel État l'homme jouit-il d'une telle faculté? Ou, ce qui est exactement la même chose, dans quel État la loi est-elle l'expression de la raison et de la justice, et le pouvoir est-il l'organe de la loi, de telle sorte « que personne ne sera contraint de faire les choses auxquelles la loi ne l'oblige pas, et de ne point faire celles que la loi lui permet »? Une telle situation ne peut exister que sous les gouvernements où le pouvoir, naturellement porté à abuser de ses prérogatives, est arrêté par le pouvoir ; c'est-à-dire sous une constitution où les pouvoirs qui ont des attributions différentes sont distincts l'un de l'autre et appelés à se contenir réciproquement.

Une constitution pareille est-elle possible? Non seulement elle est possible, mais, selon Montesquieu, elle existe sous nos yeux, pleine de vigueur et de force. Montesquieu croit la reconnaître dans la constitution anglaise ; et c'est elle qu'il offre à nos yeux, sous prétexte de nous expliquer les conditions générales d'un gouvernement libre, c'est elle qu'il nous présente comme le type invariable et le code éternel de la liberté. C'est elle qu'il reconnaît pour son idéal, ne cherchant pas l'idéal en dehors de la réalité, dans la crainte de ne rencontrer que l'utopie.

La constitution anglaise n'ayant jamais été

écrite, ou étant peu connue ou peu comprise au xviiie siècle, il a fallu à Montesquieu une rare sagacité pour en démêler tous les ressorts et pour remonter de ses effets jusqu'à ses principes philosophiques. Aussi le tableau qu'il en a tracé a-t-il été comme une révélation pour l'Angleterre elle-même, et l'*Esprit des lois* n'a-t-il pas eu moins de succès en Angleterre qu'en France.

Ce qui distingue, aux yeux de Montesquieu, la constitution anglaise de toutes les autres, et ce qui lui paraît être par conséquent la première condition de la liberté politique, c'est la division des trois pouvoirs, sans lesquels aucun État ne peut subsister : le pouvoir législatif, le pouvoir exécutif et le pouvoir judiciaire. L'idée de ces trois pouvoirs se montre déjà dans la politique d'Aristote [1]; mais personne ne partage avec Montesquieu l'honneur d'avoir démontré jusqu'à l'évidence la nécessité de les séparer.

Si le pouvoir législatif est réuni dans la même personne ou dans le même corps au pouvoir exécutif, vous êtes menacés de lois tyranniques, tyranniquement exécutées. C'est précisément ce

---

1. Livre V, et dans la traduction de M. de Saint-Hilaire, livre VI.

qui fait la monarchie absolue. Joignez le pouvoir législatif au pouvoir judiciaire, l'arbitraire prendra la place de la justice; car le juge devant prononcer suivant sa propre loi, sera le maître absolu de la vie et de la liberté des justiciables. C'est ce qui est arrivé à la Convention quand elle s'est déclarée compétente pour juger Louis XVI, et au Long Parlement quand il a jugé Charles Ier. Laissez ensemble le pouvoir judiciaire et le pouvoir exécutif, le juge disposant de la toute-puissance pourra, quand il le voudra, violer les lois et devenir un oppresseur. Tel est le caractère que nous présentent dans l'histoire de l'ancienne monarchie les cours prévôtales et les commissions extraordinaires, chargées par le prince absolu de prononcer sur les personnes qui avaient encouru sa disgrâce. « Enfin, tout sera perdu, dit avec raison Montesquieu; l'on aura atteint le comble de l'oppression et de la tyrannie, quand les trois pouvoirs seront confondus, soit entre les mains d'un homme, soit dans une assemblée. Mais heureusement cet état de choses est une exception; il n'existe que dans les États purement despotiques. Dans les vieilles monarchies de l'Europe et surtout dans celle de la France, le prince, se bornant à donner des lois et à les exécuter, laissait l'administration de la justice à un corps particulier. »

Maintenant voici quelles doivent être les attributions et l'organisation particulière de chacun de ces trois pouvoirs. Je commence par le pouvoir judiciaire, parce que c'est celui des trois qui donne le moins de prise aux objections.

L'arrestation préventive ne doit être admise que dans le cas d'une accusation capitale, et pour les citoyens qui ne pourront fournir caution; car le premier devoir de la justice, c'est de ne pas frapper un innocent. Il faut que l'accusé soit jugé par ses pairs; c'est-à-dire par un tribunal tiré momentanément du sein de la nation et destiné à y rentrer; car s'il était jugé par un corps permanent ou par une classe privilégiée, il aurait le droit de se dire opprimé. Il faut de plus qu'il ait le droit de récuser tous ceux de ses juges qu'il peut soupçonner de haine et de partialité. C'est la constitution du jury, tel qu'il existe en Angleterre depuis une haute antiquité, et tel qu'il a été établi parmi nous après la révolution de 1789. « Mais, ajoute Montesquieu, si les tribunaux ne doivent pas être fixes, les jugements doivent l'être à un tel point qu'ils ne soient jamais qu'un texte précis de la loi. » C'est reconnaître la nécessité d'un corps de magistrats qui prononcent sur le droit, tandis qu'un jury composé de simples citoyens prononce sur le fait. Ces sages paroles de l'auteur de l'*Esprit des lois* sont bien plus favorables à l'organisation de la justice, telle qu'elle existe en France, qu'à celle des tribunaux anglais, où les juges du droit sont des membres de l'aristocratie désignés par l'élection, et qui pourraient bien être étrangers à la connaissance des lois.

Si le pouvoir judiciaire, chez une nation libre, doit appartenir, par ses attributions essentielles, au corps des citoyens, à plus forte raison en est-il ainsi du pouvoir de faire des lois. « Comme tout homme, dit Montesquieu, qui est censé avoir une âme libre, doit être gouverné par lui-même, il faudrait que le peuple en corps eût la puissance législative. Mais comme cela est impossible dans les grands États, et est sujet à beaucoup d'inconvénients dans les petits, il faut que le peuple fasse par ses représentants tout ce qu'il ne peut faire par lui-même. » L'idée de la liberté politique est donc absolument inséparable de celle d'un gouvernement représentatif. C'est par ce point capital que les États libres des temps modernes se distinguent des républiques de l'antiquité et du moyen âge. C'est à cette condition que la liberté, malgré l'opinion de Rousseau, pourra se passer de l'esclavage, et ne sera pas forcée de dégénérer en tumulte et en violences.

Rien de plus sage et tout à la fois de plus facile à mettre en pratique que les conseils de Montesquieu sur la manière dont un peuple doit choisir ses représentants. Si ces conseils avaient été suivis, on n'aurait pas songé, dans ces derniers temps, à ressusciter le scrutin de liste, et personne n'aurait poussé la folie jusqu'à demander, pour toute la France, un scrutin unique de sept cent cinquante noms. « L'on connaît beaucoup mieux, dit-il, les besoins de sa ville que ceux des autres villes, et on juge mieux de la capacité de ses voisins que de celle de ses autres compatriotes. Il ne faut donc pas que les membres du Corps législatif soient tirés en général du corps de la nation ; mais il convient que, dans chaque lieu principal, les habitants se choisissent un représentant. »

C'est au suffrage universel que ce choix doit être confié ; autrement c'est une classe qui domine dans l'État et qui a le pouvoir d'opprimer les autres. Le vote politique ne doit être refusé qu'à ceux qui n'ont pas la responsabilité de leurs actions, « à ceux, dit Montesquieu, qui sont dans un tel état de bassesse, qu'ils sont réputés n'avoir point de volonté propre ».

Les représentants du peuple peuvent recevoir de leurs commettants des instructions générales, mais point de mandat impératif : il est juste, il est même nécessaire qu'ils connaissent l'opinion et les besoins du pays qui leur confie ses intérêts ; mais il leur est interdit de contracter des engagements qui les empêcheraient de se mettre d'accord.

Le pouvoir législatif, dans ses attributions les plus essentielles, appartient aux représentants du peuple ; mais il est impossible qu'ils l'exercent seuls. Que deviendrait le pouvoir exécutif s'il n'avait aucune action sur les lois ? Les lois ne pourraient-elles pas être faites contre lui, afin de le déposséder ou de le placer dans la dépendance du pouvoir législatif, qui deviendrait alors le pouvoir absolu ? Il est donc juste que le pouvoir exécutif ait le droit de rejeter les lois qui lui sont contraires, et de proposer celles que l'expérience lui signale comme utiles. Quant à la constitution du pouvoir exécutif, Montesquieu se contente de dire qu'il doit être confié à un prince héréditaire, parce qu'ainsi l'exigent l'unité, la continuité et la promptitude de son action. Le même intérêt demande que le prince soit inviolable.

Mais quand le prince et les représentants du peuple sont en désaccord entre eux, quand ceux-ci s'obstinent à faire des lois que celui-ci refuse à accepter, qui mettra fin à ce conflit? Ou, pour n'avoir pas besoin de le réprimer, qui aura la tâche de le prévenir? Un corps particulier qui partagera avec l'assemblée des représentants les attributions du Corps législatif, sans les exercer dans la même étendue ou sous la même forme. Il aura, dit Montesquieu, plutôt la faculté d'empêcher que celle de statuer. Il n'aura pas, ce que nous avons appelé depuis l'*initiative* parlementaire, ni le vote de l'impôt, qui intéresse directement les mandataires de la nation, et qui en d'autres mains deviendrait facilement un instrument de tyrannie. En revanche, il sera placé au-dessus de toutes les fluctuations de l'opinion publique. Ce sera enfin un pouvoir modérateur.

Montesquieu, voyant ce pouvoir exercé avec beaucoup d'éclat et de sagesse par la Chambre des lords, devait naturellement demander qu'il fût toujours confié aux hommes les plus éminents par leur fortune et par leur naissance, et qu'il fût toujours héréditaire. La raison qu'il en donne est que là où des personnages de ce rang n'exercent pas une action propre dans l'État, ils sont nécessairement opprimés : « La liberté commune serait leur esclavage, et ils n'auraient aucun intérêt à la défendre, parce que la plupart des résolutions seraient contre eux... Il faut donc qu'ils aient le droit d'arrêter les entreprises du peuple, comme le peuple a droit d'arrêter les leurs. »

Il faut commencer par mettre hors de cause la Chambre des lords qui, en effet, s'est presque toujours montrée digne de l'immense pouvoir déposé dans ses mains, et cela parce qu'elle n'a jamais manqué d'absorber dans son sein les plus hautes supériorités du pays. D'ailleurs, le peuple anglais a du goût pour l'aristocratie; c'est à elle qu'il doit la plus grande partie de ses libertés, et je me hâte d'ajouter qu'il faut savoir faire une différence entre cette noblesse toute politique et la noblesse purement militaire, ou, ce qui est pis encore, la noblesse d'antichambre de la vieille France. Mais, à le prendre d'une manière générale, le raisonnement de Montesquieu est inadmissible. Pourquoi la noblesse, là où il y en a une, et il n'y en a pas dans tous les pays, pourquoi la noblesse formerait-elle un pouvoir distinct dans l'État? De deux choses l'une : ou elle n'a rien qui la distingue des autres classes de la société que des noms et des souvenirs plus ou moins glorieux; ou elle possède, outre ce patrimoine moral, des droits réels ou effectifs, des prérogatives héréditaires que Montesquieu lui-même qualifie d'odieuses. Dans le premier cas, les lois qui commandent aux autres sont aussi faites pour elle : elle n'a aucun besoin d'une protection particulière, n'ayant rien de particulier à défendre; la liberté commune doit lui suffire. Dans le second, elle est une institution contraire à toutes les règles de la justice, et il faut se hâter de la supprimer. Au moins est-il vrai qu'il y a des nations plus passionnées pour l'égalité que pour la liberté, et chez qui, non seulement une noblesse investie de privilèges, mais un seul corps héréditaire et excepté du droit commun seront un continuel sujet de haine et d'irritation.

Cela ne veut pas dire qu'il faille renoncer, pour de telles nations, à un pouvoir modérateur ; non, mais il faut le former d'une autre manière. Il y en a plusieurs entre lesquelles un sage législateur peut choisir, selon le caractère et la situation des peuples auxquels il s'adresse. Il y a deux choses à distinguer au sein d'une société libre : il y a le corps général de la nation, dont l'opinion se modifie avec le temps, et il y a les intérêts permanents d'un État civilisé confiés à des corps particuliers et en quelque sorte immortels, par exemple, la magistrature, l'Église ou les églises, la cour des comptes, l'armée, les corps savants, etc. L'assemblée des représentants sera nommé par la nation; à la formation du pouvoir modérateur concourront les différents corps dont je viens de parler. Mais je ne veux pas insister sur ce point; c'est assez d'avoir montré que le pouvoir modérateur n'est pas nécessairement une assemblée aristocratique.

Mais si Montesquieu est trop absolu dans sa prédilection pour la noblesse, que de prévoyance et de sagesse dans les conseils qu'il donne aux gouvernements constitutionnels! Impartial entre les différents pouvoirs dont de tels gouvernements sont composés, il leur demande à tous la modération et la mesure ; il leur représente le danger d'empiéter les uns sur les autres et d'usurper une autorité exorbitante sous laquelle ils succomberaient bientôt ; il impose enfin aux représentants de la nation ces deux conditions également nécessaires : de n'être pas réunis trop longtemps, afin de ne pas agiter les esprits d'une manière trop constante, afin de ne pas mettre le pouvoir exécutif dans l'impossibilité d'agir par la nécessité continuelle de se défendre; et d'être cependant toujours en contact avec l'opinion publique par des renouvellements assez rapprochés et par l'espérance laissée au peuple de voir une législature dont il est mécontent ou médiocrement satisfait, remplacée par une autre dont il attend davantage.

Quand on lit dans l'*Esprit des lois* ces belles et profondes considérations, on se demande avec douleur comment notre pays, possédant un tel livre, a pu faire pour la conquête de la liberté, tant de sanglantes et calamiteuses expériences. On ne peut nier que l'Assemblée nationale de 1789 ne fût composée des hommes les plus éclairés et les plus généreux, non seulement de la France, mais de l'Europe ; comment donc a-t-elle pu adopter cette triste constitution de 1791, qui, mettant aux prises une assemblée unique avec un roi héréditaire, armé pour toute défense d'un *veto* suspensif, ne pouvait aboutir qu'à une révolution républicaine ? Comment cette république à son tour, invoquant à chaque instant le nom de la liberté, et promettant la liberté aussi bien que l'égalité, a-t-elle commencé par fonder le despotisme le plus effrayant qui ait existé dans l'histoire, une assemblée réunissant dans ses mains tous les pouvoirs pour les confier à un comité de quelques hommes, bientôt asservi à un seul ? Comment la constitution de l'an III a-t-elle espéré l'unité, la promptitude et la continuité d'action de la part d'un pouvoir exécutif composé de cinq membres ? Comment a-t-elle cherché un pouvoir modérateur dans une seconde assemblée de représentants du peuple, formée comme la première par l'élection, et distinguée seulement par l'âge, comme si l'âge changeait la nature, les intérêts et la position des hommes, et surtout l'opinion qui les choisit ? Comment la périlleuse idée d'une seule Chambre a-t-elle pu retrouver faveur en 1848, après les dures leçons du passé ? Comment ne s'est-on pas souvenu des enseignements de l'histoire et de Montesquieu sur les scrutins de liste, sur les assemblées politiques réunies d'une manière permanente, et sur tant d'autres essais déjà tentés et condamnés par l'expérience aussi bien que par la raison ? C'est que telle est notre triste condition, individus ou peuples, que la raison, quand elle parle toute seule, ne fait que glisser sur notre âme et ne touche que notre esprit. Or, il y a autre chose en nous que l'esprit ; nous avons aussi, nous avons surtout les passions : il y a, de même qu'en 89, un élan de confiance et de jeunesse qui nous persuade que le monde va changer, comme l'enfant qui assiste pour la première fois à la naissance du printemps s'imagine que ce soleil, cette verdure, ces parfums, ces fleurs, et surtout cette fleur d'espérance qui s'épanouit dans son cœur, vont durer toujours ; il y a, comme en 93, les vengeances et les haines, les misères de plusieurs siècles, qui, attisées tout à coup par le glaive des révolutions, éclatent comme un immense incendie ; il y a l'ambition et l'envie exaltées par l'ignorance ; il y a les appétits encouragés par la chimère et qui, devant les résistances de la nature des choses, montent jusqu'à la fureur. Or, les passions, quelles qu'elles soient, généreuses ou basses, folles ou vulgaires, et dans quelque moment qu'elles éclatent, les passions ne peuvent être guéries que par les maux qu'elles nous attirent, que par les fléaux qu'elles déchaînent sur la société et sur chacun de nous; les passions ne cèdent qu'à la voix de l'expérience; c'est après qu'elles sont calmées et soumises que l'œuvre de la raison commence, et trace à la société les voies qu'elle doit suivre. L'œuvre de la raison et de la science est donc loin d'être stérile, car c'est elle qui empêche le retour des iniquités et des abus qui ont provoqué les passions; car c'est elle encore qui chasse les illusions, qui leur dérobe à elles-mêmes leur laideur et leurs funestes conséquences.

CHAPITRE VIII

La législation criminelle.

La liberté dont il est possible et permis à l'homme de jouir dans la société peut être considérée, selon l'auteur de *l'Esprit des lois*, sous deux aspects différents : dans ses rapports avec la constitution, avec l'État tout entier, et dans ses rapports avec le citoyen ; ou bien encore dans l'action qu'elle exerce sur la vie publique, et dans celle qui lui est réservée dans la vie privée. Dans le premier cas, elle prend le nom de liberté politique, et dans le second celui de liberté civile. Il est hors de doute que celle-là est la condition de celle-ci ; car un peuple ne peut échapper à la servitude que s'il exerce une influence directe ou indirecte sur les lois qui lui sont données. Cependant, il arrive souvent que la constitution est bonne tandis que les lois sont mauvaises, et réciproquement que la constitution reste mauvaise tandis que les lois s'améliorent. En un mot, la liberté civile ne suit pas nécessairement la liberté politique ; indépendamment de ce rapport général qui la fait dépendre de la constitution, elle a ses conditions propres, que Montesquieu va nous indiquer.

La liberté civile, si nous l'en croyons, ne peut exister qu'avec une bonne législation criminelle; car personne ne peut se croire ni se dire libre dans un pays où il n'y a point de sûreté pour les personnes et pour les biens, et il n'y a point de sûreté pour les personnes ni pour les biens là où l'on peut être accusé sur le prétexte le plus frivole, et où toute accusation peut avoir pour conséquence la perte de nos biens, de notre liberté, de notre honneur, de notre vie. Ce raisonnement ne saurait être contesté, et nous sommes tout à fait de l'avis de Montesquieu lorsqu'il dit, en parlant de cette fonction importante de la justice, que « dans un État qui aurait là-dessus les meilleures lois possibles, un homme à qui on ferait son procès et qui devrait être pendu le lendemain, serait plus libre qu'un pacha ne l'est en Turquie ».

Mais qu'est-ce qu'il faut entendre par une bonne législation criminelle? Si nous réunissons toutes les idées que Montesquieu a émises sur ce sujet dans les différentes parties de son ouvrage, particulièrement dans le douzième et le sixième livres, nous verrons qu'il a prévenu toutes les réformes qui ont été demandées et accomplies après lui, et qu'il a fait mieux encore, qu'il a exposé les principes dont ces réformes ne sont que les conséquences, en y intéressant non seulement la liberté, mais l'humanité.

Aucune législation criminelle ne peut, dans son opinion, passer pour juste, si elle ne remplit les conditions suivantes : 1° si elle ne tire chaque peine de la nature particulière du crime; 2° si elle ne proportionne les peines à la gravité du délit; 3° si de deux peines également propres à atteindre le but qu'elle se propose, elle ne choisit pas toujours la plus douce, et la peine morale de préférence à la peine physique.

Pour démontrer comment la peine doit toujours être tirée de la nature particulière du crime,

Montesquieu divise en quatre classes toutes les actions qui tombent sous l'empire de la loi pénale : crimes contre la religion ; crimes contre les mœurs ; crimes contre la tranquillité publique ; crimes contre la sûreté des citoyens.

Montesquieu, en parlant des premiers, ne fait guère que reproduire la doctrine de Locke, mais en l'animant du feu de son éloquence et en l'armant d'une argumentation encore plus vigoureuse que celle du philosophe anglais. Les crimes contre la religion doivent être punis par la privation des avantages que la religion seule peut donner, ou par des châtiments purement spirituels. Il n'appartient pas à l'État de punir des crimes qui n'existent que dans la pensée. Il n'appartient pas à l'homme de se faire le vengeur de Dieu. « Il faut faire honorer la Divinité et ne la venger jamais... Si les lois des hommes ont à venger un être infini, elles se régleront sur son infinité, et non pas sur les faiblesses, sur les ignorances, sur les caprices de la nature humaine. » Et, pour donner encore plus de force à ce raisonnement, Montesquieu l'appuie sur un exemple épouvantable. Il cite un pauvre juif de la Provence, écorché vivant par quatre chevaliers, pour avoir, à ce que prétendaient ses bourreaux, blasphémé contre la sainte Vierge.

Les crimes contre les mœurs seront punis de même par la privation des avantages que la société attache aux mœurs. La honte, l'infamie suffiront pour les réprimer; car, à moins qu'ils ne soient compliqués d'un crime contre les personnes, et ne rentrent par'là dans une autre catégorie, ils consistent plutôt à manquer à soi-même qu'à violer le droit d'autrui.

Celui qui trouble la tranquillité publique doit être puni par la perte de sa propre tranquillité, et ce châtiment, il le trouvera dans l'exil, dans la prison, ou toute autre peine propre à calmer les esprits inquiets et à les faire rentrer dans l'ordre.

Enfin, il n'y a que les crimes contre les personnes qu'il soit juste de réprimer, selon la gravité qu'ils présentent, par des peines personnelles ou par le dernier supplice. Montesquieu a tort, sans doute, d'appeler ce degré de pénalité « une espèce de talion », mais Voltaire, dans son *Commentaire sur l'Esprit des lois*, est tout à fait injuste quand il attache à cette expression malheureuse un sens trop absolu. Montesquieu a lui-même flétri la loi du talion, en montrant qu'elle n'est propre qu'aux États despotiques et barbares. Tout ce qu'il veut affirmer ici, c'est que le plus grand des crimes, celui qui consiste à ôter la vie à un de nos semblables, ne peut être réprimé que par une peine analogue. « La peine de mort, dit-il, est comme le remède de la société malade. »

Cette considération nous conduit naturellement au second principe sur lequel Montesquieu fait reposer la justice criminelle, à la proportion des peines et des délits. C'est au nom de ce principe qu'il élève une voix timide, mais cependant convaincue, contre la peine de mort infligée au voleur. N'osant pas directement attaquer une loi consacrée dans toute l'Europe, il montre du moins qu'elle ne repose sur aucun fondement légitime. « Lorsqu'on viole la sûreté des biens, il peut y avoir des raisons, dit-il, pour que la peine soit capitale; mais il vaudrait peut-être mieux, et il serait plus dans la nature, que la peine des crimes contre la sûreté des biens, fût punie par la perte des biens. » Il n'admet, dans ce cas, les peines corporelles, que pour suppléer à la peine pécuniaire chez ceux qui sont hors d'état de la subir. Ailleurs, il se montre plus résolu. Il soutient sans réticence, que si l'on punit les voleurs avec la même sévérité que les assassins, on assassinera toujours avant de voler, afin de cacher le dernier crime par le premier. C'est ce que Thomas Morus avait déjà soutenu deux siècles auparavant, en cherchant à démontrer, comme Montesquieu, que la société n'est pas moins intéressée, pour elle-même que pour le coupable, à établir dans les châtiments les mêmes degrés que dans les fautes.

Enfin, ce n'est pas assez que les peines dérivent de la nature et soient proportionnées à la grandeur des crimes, il faut encore qu'elles aient ce degré de douceur et de modération, et, si l'on peut s'exprimer ainsi, ce caractère spirituel qui, seul, peut se concilier avec les gouvernements libres. Montesquieu fait cette remarque, complètement justifiée par l'histoire, que la loi pénale est d'autant plus sévère, qu'on est plus près du despotisme, et qu'elle devient plus douce à mesure qu'on approche de la liberté. Aux peuples abrutis par la servitude, qui ne connaissent d'autre sentiment que la crainte, il faut des supplices variés, des châtiments terribles. Pour ceux, au contraire, qui se gouvernent eux-mêmes ou qui obéissent à un pouvoir tempéré, l'honneur, ou plutôt la crainte du déshonneur, sera un moyen de répression extrêmement puissant. « Dans ces États, dit Montesquieu, un législateur s'attachera moins à punir les crimes qu'à les prévenir ; il s'appliquera plus à donner des mœurs qu'à infliger des supplices. » Prévenir au lieu de punir, substituer les peines morales aux peines physiques ; tout un système de pénalité est renfermé dans ces mots ; c'est celui qui paraît adopté aujourd'hui par tous les peuples civilisés. Entre le citoyen d'un pays libre et l'habitant d'un État despotique, il y a la même différence, selon Montesquieu, que les lois de la vieille monarchie établissaient entre le noble et le vilain. Le premier n'était puni que dans son honneur ; le second, étant censé n'avoir pas d'âme, était puni dans son corps.

Puis, pourquoi avilir la nature humaine par des supplices ? « L'expérience a fait remarquer, dit Montesquieu, que, dans les pays où les peines sont douces, l'esprit du citoyen en est frappé comme il l'est ailleurs par les plus grandes. » Cette observation, parfaitement exacte et qui se justifie par l'aveuglement des passions brutales joint à la force de l'habitude, Montesquieu la confirme par un exemple remarquable. Il y eut un moment où les vols, quoique punis par la mort, se multiplièrent à un tel point que l'on crut devoir substituer au gibet le supplice horrible de la roue. « Durant quelques mois, ce remède héroïque produisit quelque effet; les voleurs parurent intimidés; mais ensuite ils continuèrent leurs déprédations comme auparavant. » Montesquieu pensait sans doute qu'il y a beaucoup moins de danger pour la sécurité publique dans la modération des peines que dans l'impunité. Or, l'impunité est quelquefois la conséquence d'une sévérité excessive de la loi. Décrétez des peines qui dépassent la juste mesure et qui soient en opposition avec les mœurs, vous ne trouverez point de juges pour les appliquer. Nous en avons un exemple dans la jurisprudence que la Cour de cassation a adoptée, il y a quelques années, au sujet du duel. Comme il n'existe pas dans notre code de peine particulière contre le duel, on a imaginé de comprendre cette action coupable sous le titre des meurtres ordinaires, et de la punir de la même manière. On a donc poursuivi les duellistes par devant le jury comme des meurtriers. Mais le jury, n'acceptant pas l'assimilation, ne manque pas de les renvoyer absous.

Une bonne législation sur la justice criminelle est la première garantie que réclame la liberté civile; mais ce n'est pas la seule. Elle demande aussi une équitable répartition de l'impôt et une manière intelligente de le percevoir. On comprend, en effet, que si tous les fruits de notre travail devaient être absorbés par l'État, de manière qu'il ne nous restât plus que le nécessaire, ou si une partie seulement de nos biens était prélevée par ses mains d'une façon violente, arbitraire, inquisitoriale, nous ne serions plus des citoyens, mais des esclaves. Pour que l'impôt respecte la liberté, il faut d'abord, selon Montesquieu, qu'il soit juste, et il sera juste s'il ne prend rien sur ce qui est nécessaire, s'il prend peu sur ce qui est utile, et s'il pèse principalement sur le superflu, sans pourtant l'absorber et sans tarir les sources d'où il découle, en un mot, sans cesser d'être modéré. « Que quelques citoyens, dit Montesquieu, ne payent pas assez, le mal n'est pas grand; leur aisance revient toujours au public; que quelques particuliers payent

trop, leur ruine se tourne contre le public. »
Rien de plus sage que ces paroles; elles sont une
réponse anticipée à des idées dangereuses, accréditées de notre temps. Ce n'est pas seulement
le respect de la propriété et par suite le respect
de la liberté, qui veut que l'impôt soit modéré,
mais aussi l'intérêt public, l'intérêt de l'État.
Pour que l'État soit riche, dit encore Montesquieu, il faut que les sujets puissent le devenir.
Si l'on commence par appauvrir les sujets et par
les dégoûter du travail, comment l'État ne sera-t-il pas pauvre à son tour?

Mais il ne suffit pas que l'impôt soit modéré
et réparti d'une manière équitable, il faut encore
qu'il soit perçu de manière à ne pas gêner la
liberté. Selon Montesquieu, le meilleur moyen
d'arriver à ce résultat, c'est, tout en conservant
l'impôt personnel et l'impôt foncier, de donner
une très grande place à l'impôt indirect, ou,
comme il l'appelle, l'*impôt sur les marchandises*.
Grâce à ce système, on paye pour ainsi dire
librement, en raison de ce que l'on consomme,
et l'on ne s'aperçoit pas qu'on paye, parce que
les droits remboursés par le vendeur sont à
peine connus de l'acheteur. Mais il faut que cet

impôt, comme tous les autres, soit parfaitement modéré et proportionné à la valeur des matières imposées.

Montesquieu fait observer, avec beaucoup de vérité, que c'est dans les pays libres qu'on paye le plus d'impôts, parce que ce sont ceux où le gouvernement et l'administration sont le plus compliqués. C'est dans les pays libres aussi qu'on le paye le plus volontiers, parce qu'on y voit un dédommagement. Dans les pays despotiques, au contraire, l'impôt est d'ordinaire très modéré, et doit l'être, parce qu'il n'a pas de compensation.

La partie de l'*Esprit des lois* qui est consacrée à cette matière, est terminée par un plaidoyer éloquent contre l'usage alors établi en France, d'affermer les impôts. Montesquieu veut que l'État perçoive lui-même ses revenus, afin de n'être pas la victime des traitants et de ne pas leur livrer les particuliers, poursuivis par leurs agents avec une impitoyable rigueur. Le trésor public n'y gagnera pas moins que l'humanité et la liberté.

Non content d'être le législateur de la liberté, Montesquieu a voulu détruire, au nom de la jurisprudence, de la philosophie et de la politique, tous les fondements de l'esclavage. Cette abominable institution n'a jamais rencontré un adversaire plus irrésistible. Son plaidoyer dispense de tous les autres et les résume dans ce qu'ils ont de meilleur.

On ne peut invoquer en faveur de l'esclavage que trois arguments principaux : l'un tiré du droit des gens ou du droit de la guerre, l'autre du droit civil, et le troisième du droit naturel. Le premier, a-t-on dit, m'autorise à réduire en servitude celui que j'ai pu faire mourir. Le second m'oblige, quand je suis insolvable, à payer mes dettes avec ma liberté. Enfin le dernier, rendant le père maître de la vie de ses enfants, le rend aussi maître de leur liberté et lui donne la faculté de les vendre. Voici la réponse de Montesquieu à chacun de ces arguments.

Il est faux qu'il soit permis de tuer dans la guerre, autrement que dans le cas de nécessité ; mais dès qu'un homme en a fait un autre esclave, on ne peut pas dire qu'il ait été dans la nécessité de le tuer, puisqu'il ne l'a pas fait.

Il n'est pas vrai qu'un homme puisse se vendre. « La vente suppose un prix. L'esclave se vendant, tous ses biens entreront dans la propriété du maître; le maître ne donnerait donc rien et l'esclave ne recevrait rien. » D'ailleurs, s'il n'est pas permis de se tuer, parce qu'on se dérobe à sa patrie, il n'est pas plus permis de se vendre.

Si un homme ne peut se vendre lui-même, encore moins peut-il vendre ses enfants; encore moins peut-il vendre son fils avant qu'il soit né. Si un prisonnier de guerre ne peut être réduit en servitude, encore moins les enfants de ce prisonnier.

L'esclavage se défend-il au moins par son utilité? Il n'est utile ni au maître ni à l'esclave; à celui-ci parce qu'il ne peut rien faire par vertu; à celui-là, parce qu'il contracte avec ses esclaves toutes sortes de mauvaises habitudes, qu'il s'accoutume insensiblement à manquer à toutes les vertus morales, qu'il devient fier, dur, colère, voluptueux, cruel. Ce sont tous les vices et toute la corruption que Mrs Stowe a mis en scène dans ses livres.

Si l'esclavage est nuisible au maître et à l'esclave, il est plein de dangers pour l'État, et ne peut être aboli qu'avec beaucoup de lenteur et de précaution. La méthode d'affranchissement que Montesquieu recommande est précisément celle qui a été suivie dans nos colonies jusqu'en 1848, après la désastreuse expérience de Saint-Domingue. Il faut préparer l'esclave à la liberté par un long patronage et par un contrat d'affranchissement qui ne lui permet pas de se soustraire au travail, tout en lui en laissant les fruits.

Montesquieu était un esprit trop logique pour admettre la liberté dans l'ordre politique et dans l'ordre civil, sans l'étendre également à l'ordre économique. Il prend donc sous sa protection, et revêt en quelque façon de son empreinte, les principes les plus importants de la liberté du commerce et de l'industrie.

Après avoir montré de quelle importance est le commerce pour la paix et le rapprochement des nations, pour la guérison des préjugés, pour l'adoucissement des mœurs et la ruine de la barbarie, pour les progrès de l'industrie et de la navigation, il établit qu'il a pour première condition la concurrence. « C'est la concurrence, dit-il, qui met un prix juste aux marchandises et qui établit les vrais rapports entre elles. » La concurrence étant ennemie des privilèges, il demande que ceux-ci disparaissent, que chacun puisse user librement de ses capitaux et de son intelligence. Ainsi qu'on le fait aujourd'hui, il s'élève contre les formalités des douanes et les excès de tarif. Il n'admet la prohibition que dans les cas exceptionnels où l'on peut démontrer qu'elle est avantageuse au commerce lui-même. Il déplore les armements qui pèsent d'un si lourd poids sur la fortune publique de l'Europe, et qui enlèvent tant de bras au travail.

Quoiqu'il ait établi déjà implicitement la liberté de conscience, en demandant que les infractions contre la religion ne puissent être réprimées que par des peines spirituelles, Montesquieu revient sur ce grave sujet, pour montrer que la tolérance est pour l'État un devoir, et pour les citoyens un droit, partout où plusieurs cultes se trouvent en présence. Après avoir développé un à un tous les arguments que lui fournissent, en faveur de cette noble cause, la piété et l'humanité aussi bien que la politique et le droit, il les résume d'une manière éloquente, dans un discours qu'il fait adresser, par un Juif, aux inquisiteurs d'Espagne et de Portugal. Rousseau, dans un des plus beaux morceaux de sa réponse à Christophe de Beaumont, n'a fait qu'imiter ce magnifique chapitre de l'*Esprit des lois*.

Enfin, après avoir passé en revue les idées de Montesquieu sur toutes les parties du droit, il nous resterait à faire connaître sa pensée sur le droit des gens. Mais ici, comme il n'y a qu'un petit nombre de principes, presque universellement reconnus depuis Grotius, il est impossible de s'attendre à des vues complètement originales. L'originalité, car Montesquieu n'en est jamais dépourvu, est dans l'expression seule ou dans la force et la clarté avec lesquelles sont présentées les maximes de ses devanciers. En voici quelques exemples. « La vie des États est comme celle des hommes : ceux-ci ont droit de tuer dans le cas de la défense naturelle ; ceux-là ont droit de faire la guerre pour leur propre conservation » (livre X, ch. II). — La gloire augmente la réputation de la puissance d'un prince, mais la réputation de la sagesse est préférable. » — « Je définis ainsi le droit de conquête : un droit nécessaire, légitime et malheureux, qui laisse toujours à payer une dette immense envers la nature humaine » (livre X, ch. IV). — Il donne pour exemple la conquête du Mexique par les Espagnols : « Quel bien les Espagnols ne pouvaient-ils pas faire aux Mexicains ? Ils avaient à leur donner une religion douce, ils leur apportèrent une superstition furieuse. Ils auraient pu rendre libres les esclaves, et ils rendirent esclaves les hommes libres. Ils pouvaient les éclairer sur l'abus des sacrifices humains, au lieu de cela ils les exterminèrent. Je n'aurais jamais fini si je voulais raconter tous les biens qu'ils ne firent pas et tous les maux qu'ils firent. »

Que d'autres pensées je pourrais citer qui ne le cèdent pas aux précédentes en originalité, en élévation, en profondeur ! Mais il faut mettre un terme à cette étude déjà trop longue. Qu'il me suffise d'avoir donné une idée de la physionomie générale de Montesquieu, et de la place qui lui appartient au milieu de son siècle, parmi les esprits qui ont poursuivi la même carrière. Cette place, je n'hésite pas à dire qu'elle est la première. Aussi métaphysicien que Vico, sans le montrer au même degré, il plonge plus profondément dans l'histoire et embrasse un horizon aussi vaste que le genre humain. Il a surtout l'avantage de joindre la jurisprudence à la philosophie et la connaissance des faits à la théorie pure. Il n'abuse pas, comme Mably, de l'expérience et des événements pour les tourner contre l'expérience, et les faire parler en faveur d'une utopie surannée. S'il n'a pas le feu de Rousseau et son enthousiasme contagieux, il n'a pas non plus ses injustices, ses erreurs, ses exagérations et ses paradoxes. Enfin, seul de tous les publicistes de son temps, à l'exception de Vico, il joint à la philosophie du droit et au droit naturel la philosophie de l'histoire.

Mais ce n'est pas seulement parmi les interprètes du droit et de la philosophie de l'histoire que Montesquieu tient le premier rang au xviiie siècle. Il est le seul peut-être de tous les écrivains de cette époque, qui lui ait complètement survécu. Voltaire, Rousseau, Fontenelle, d'Alembert, Diderot même, continuent de nous étonner ou de nous charmer, soit par l'audace, soit par la vivacité de leur esprit, la finesse piquante ou l'éloquence de leur langage ; mais nous sentons que leur temps est passé ; le mal qu'ils ont combattu n'existe plus, et le bien qui en doit prendre la place, ils ne l'ont pas encore trouvé. Notre esprit, et surtout notre âme, en quittant leur commerce, est mal satisfaite. Mais Montesquieu, s'il parle encore la langue d'un autre siècle, une langue étincelante d'antithèses et hérissée de traits, nous entretient des idées qui nourrissent aujourd'hui tous les esprits graves, qui font partie de toutes les doctrines généreuses et sensées. Montesquieu n'appartient pas seulement au xviii° siècle, il est une des plus grandes intelligences du xix°.

LIVRE IV

JEAN-JACQUES ROUSSEAU

Il est impossible qu'on parle ou qu'on entende parler de Montesquieu sans que la pensée ne se porte d'elle-même sur Jean-Jacques Rousseau. Le contraste de ces deux noms et les influences opposées qu'ils ont exercées simultanément sur nos destinées politiques, les ont rendus inséparables. L'un nous représente la liberté constitutionnelle, l'autre la démagogie, armée de toutes ses vengeances et de ses foudres révolutionnaires. L'un est le symbole de la conciliation, de la paix, de la mesure, du progrès accompli avec de sages tempéraments; l'autre des idées absolues, des principes intraitables qui, pour asseoir leur domination, ne reculent devant aucune violence ni devant aucun sacrifice, ne comptent ni avec le temps ni avec la vie des hommes. Mais ce n'est pas seulement à ce point de vue que nous devons étudier Rousseau; nous chercherons à nous rendre compte de toutes ses idées sur la société et sur l'homme, sur les obligations et sur les droits qui les unissent entre eux. Nous montrerons que, disciple de Locke en matière de droit naturel, mais disciple plus hardi, plus fougueux, et surtout plus éloquent que le maître, il a été, au xviiie siècle, la plus brillante expression de l'école philosophique, comme Montesquieu de l'école historique fondée par Vico.

Sans reconnaître aucune solidarité entre les opinions des grands hommes et leurs destinées extérieures, on peut dire cependant que la vie de Rousseau et les contradictions de son cœur, les violents contrastes qui éclatent dans ses actions sont comme une image de sa pensée, et son nom, tour à tour resplendissant de gloire et couvert d'infamie, invoqué avec amour et poursuivi de malédictions, n'a pas eu une fortune moins inégale que sa personne.

CHAPITRE PREMIER

Notions biographiques.

En 1762, pendant que les libraires, ne pouvant suffire à l'avidité du public, étaient obligés de louer à l'heure *la Nouvelle Héloïse* et les premiers livres de l'*Emile*, l'auteur de ces deux ouvrages, proscrit en France et presque en Europe, voyait brûler ses écrits par la main du bourreau et demandait vainement un asile à sa propre patrie. Trente ans après, en 1792, dans les temples dérobés au culte de Dieu, l'encens fumait devant les bustes de deux hommes, dont l'un était Voltaire et l'autre Jean-Jacques Rousseau. Après la proscription, l'apothéose; après l'apothéose, une nouvelle proscription plus dure que la première, parce qu'elle venait non d'un parlement, mais d'un homme de génie; parce qu'elle frappait, non l'homme, mais la pensée. Ceux dont les souvenirs remontent à cette époque savent avec quelle émotion fut accueilli dans le monde, il y a un peu plus d'un demi-siècle, le premier volume de l'*Essai sur l'indifférence en matière de religion*, dirigé presque tout entier contre l'auteur du *Contrat social* et de la *Profession de foi du Vicaire savoyard*. Aujourd'hui, proscripteurs et adorateurs, iconoclastes et idolâtres semblent avoir également disparu. Autour du nom de Rousseau règnent le silence et le désert, que troublent seulement de loin en loin un critique, un érudit, un curieux. On va lui demander encore quelque belle page, quelque noble inspiration, quelque douce rêverie, mais non des dogmes et des oracles comme autrefois. Nous sommes donc très bien placés pour le juger, ni trop loin ni trop près, comme le veut Pascal.

Pour bien comprendre, je ne dirai pas le système, car aucune expression ne serait plus fausse, mais les principes de Rousseau, il faut se faire une idée de la position qu'il a prise au milieu de son siècle; et cette position elle-même tient en grande partie à son éducation et à son caractère.

On sait comment il a été élevé, dans un monde
à part, entre les heros de roman et ceux de
Plutarque, dont les uns lui donnèrent de fausses
idées sur les hommes et les autres sur la société.
Jeté dans la vie réelle avec cette double illusion
et obligé de se frayer un chemin dans les conditions les plus humbles, il ne peut réussir à rien,
se fixer nulle part, se plaire avec personne, parce
que partout se présente le contraste de la réalité
et de ses chimères; parce qu'il ne trouve pas la
situation qui convient à ses sentiments, ni les
sentiments qui conviennent à sa situation. Aussi
est-il mécontent de tout le monde et tout le
monde est-il mécontent de lui. A ce double malheur — une imagination exaltée et un sort vulgaire, — si vous ajoutez, je ne dirai pas une
sensibilité profonde ni délicate, mais des passions
vives, impérieuses, personnelles et sensuelles,
vous aurez le caractère de Rousseau tout entier,
son isolement, sa défiance, son orgueil, sa mi-
santhropie, ses prétentions de n'avoir rien de
commun avec le reste du genre humain, prétentions très naïvement exprimées dans le début des
Confessions. « Je forme une entreprise qui n'eut
jamais d'exemple et qui n'aura point d'imitateur.

Je veux montrer à mes semblables un homme dans toute la vérité de la nature ; et cet homme, ce sera moi. Moi seul je sens mon cœur et je connais les hommes ; je ne suis fait comme aucun de ceux que j'ai vus ; j'ose croire n'être fait comme aucun de ceux qui existent. Si je ne vaux pas mieux, au moins je suis autre. Si la nature a bien ou mal fait de briser le moule dans lequel elle m'a jeté, c'est ce dont on ne peut juger qu'après m'avoir lu. »

On n'a voulu voir dans ces étranges paroles que de l'orgueil. Oui, sans doute, l'orgueil y tient une grande place ; mais il y a encore autre chose : le sentiment tout à fait sincère d'une existence isolée ; je dis isolée et non pas supérieure ; car la supériorité s'allie au plus ardent amour pour les hommes et à la sociabilité la plus aimable. Rousseau se sentait isolé parce qu'il ne comprenait rien aux hommes ni au temps où il vivait ; en prenant ses rêves pour la vérité, il croyait que tout, excepté lui, était sorti des voies de la nature. De là son mépris pour les devoirs les plus sacrés de la vie en même temps qu'il cherche à s'élever au-dessus d'eux dans le domaine de l'imagination.

Et ce même sentiment, Rousseau l'apporte dans ses écrits, dans sa vie de philosophe et d'écrivain : « Rousseau, dit La Harpe, est entré dans le domaine des lettres comme Coriolan est rentré dans Rome, respirant la vengeance et se souvenant des marais de Minturne. » Non, ce jugement n'est pas juste et ne s'accorde ni avec les idées philosophiques ni avec les créations littéraires de Rousseau ; il ne peut se concilier avec l'élévation morale que respirent partout l'*Émile* et quelques lettres de *la Nouvelle Héloïse,* ni avec ce tendre amour de la rêverie et de la nature qui règne comme un parfum, alors tout à fait nouveau, dans les *Promenades.* Ce que Rousseau apporte dans ses écrits comme dans ses actions, c'est le sentiment de son isolement. En effet, il est seul, ayant à la fois contre lui les théologiens et les philosophes. Il soutient contre les premiers les droits absolus, la souveraineté illimitée de la raison et l'absence de toute révélation ; il écrit contre eux le *Dialogue de l'Inspiré et du Raisonneur.* Il défend contre les seconds la cause du spiritualisme, l'existence de Dieu, l'immortalité et la spiritualité de l'âme, le libre arbitre, la loi du devoir. Il est seul, ayant contre lui non seulement les opinions, mais les institutions; car ces institutions, qui condamnent sa vie, qui blessent à la fois son orgueil et ses chimères, qui commandent à un autre monde que celui où il vit et où il se sent capable de vivre, il prétend les réformer de fond en comble, il prétend les refaire en prenant son modèle dans la nature; il entreprend par l'éducation de renouveler l'homme, et par sa théorie politique de renouveler la société. On comprend qu'une fois entré dans cette voie rien ne l'arrête, ni les faits, ni les traditions, ni les jugements de ses pairs. Au roman en action et en souvenir vient se joindre le roman philosophique; à l'isolement moral, l'isolement intellectuel, qui a pour véritables noms le paradoxe et l'abstraction.

. Rien de plus caractéristique que la manière dont Rousseau est entré dans la carrière des lettres. Il ne s'était occupé encore que de musique et n'avait écrit que quelques pages recueillies dans l'*Encyclopédie* sur cet art qu'il aimait tant, avec quelques livrets d'opéra, lorsque, allant visiter son ami Diderot, retenu en prison à Vincennes, et lisant en chemin *le Mercure de France*, ses yeux tombent sur le sujet de prix proposé par l'Académie de Dijon : « Si le rétablissement des sciences et des arts a contribué à épurer les mœurs. » Aussitôt voilà sa vocation qui s'éveille, son imagination qui prend feu, tous ses instincts qui l'assiègent, et il se met à écrire immédiatement la fameuse prosopopée de *Fabricius*. Singulière destinée que celle de cette petite Académie de province! C'est aussi un concours d'une Académie de province, celle de Besançon, qui a provoqué le trop fameux mémoire : *Qu'est-ce que la propriété?*

On a prétendu que c'est par un calcul intéressé, afin de fixer sur lui plus sûrement l'attention, que Rousseau, dans cette lutte, a pris le contrepied du sens commun ; mais je n'en crois rien, car cette décision, prise à l'âge de trente-sept ans, est d'accord avec tous ses antécédents et tous les traits de son caractère. Ce discours, véritable déclamation à la façon des rhéteurs et des sophistes de l'antiquité, mais où se révèlent déjà un grand talent de style et une rare hardiesse de pensée, même pour le xviiie siècle, n'est encore qu'une attaque partielle contre la société, un retour vers son enfance héroïque, telle que nous la rêvons sur la foi de Tite-Live et de Plutarque.

Deux ans après, la même Société savante propose un autre sujet de prix : « Quelle est l'origine de l'inégalité parmi les hommes, et si elle est autorisée par la loi naturelle. » Rousseau entre de nouveau dans la lice, et, cette fois, enseignes déployées. Il ne ménage plus rien, ne respecte plus rien, et soutient hautement, avec cette chaleur dont lui seul a su animer le paradoxe, non seulement que la civilisation, mais que la société elle-même est mauvaise, que la société est un état de corruption et de déchéance qui nous éloigne de plus en plus de notre état naturel, par conséquent de notre véritable destinée.

Il y a donc, selon lui, en quelque façon, deux hommes qui n'ont entre eux presque rien de commun : l'homme originel et l'homme social ; l'homme tel qu'il est sorti des mains de Dieu, tel qu'il a vécu quelque temps au sein de la nature, et l'homme corrompu, asservi, dégradé par ses propres institutions. De sorte que la société, pour être constituée de la manière la plus raisonnable et la plus juste, n'a rien à demander à l'homme naturel, ou, ce qui revient au même, n'a pas à tenir compte de l'individu, puisque celui-ci ne peut exister, libre et indépendant, que dans l'état de nature ; et réciproquement, que l'individu pour remonter à la perfection dont il a joui à son origine, pour reconquérir le bonheur, le repos, l'innocence et la force qu'il a perdus, n'a rien à demander à la société.

Tous les ouvrages de Rousseau, je veux dire les plus importants d'entre eux, ceux qui contiennent à la fois sa morale, sa politique et ses idées sur le droit, dérivent de cette seule pensée, et par elle se rattachent les uns aux autres. Après avoir montré, dans le *Discours sur l'origine et les fondements de l'inégalité*, ce qu'était l'homme immédiatement après sa naissance, sous le regard et sous l'empire de la nature, il fallait dire ce qu'il doit être aujourd'hui, au milieu des entraves et sous la contrainte de la société, ou de quelle manière la société doit être constituée et gouvernée, si l'on veut mettre un frein aux désordres et aux souffrances qu'elle entraîne après elle. Tel est le but du *Contrat social* et des écrits qui en sont comme le commentaire : les *Considérations sur le gouvernement de la Pologne*, le discours sur l'*Économie politique*, et les *Lettres à M. Butta-Foco sur la législation de la Corse*. Rousseau veut bien faire cette concession que nous ne pouvons pas retourner dans les forêts vivre avec les ours, et que, la société étant devenue un mal nécessaire, nos efforts doivent se borner à l'améliorer, à la corriger et à lui donner des institutions plus justes que celles qui la gouvernent aujourd'hui. Enfin, après nous avoir appris comment l'homme est tombé, il a jugé nécessaire de nous instruire des moyens de le relever et de le rendre autant que possible, dans le sein même de la société, à cette nature si aimable et si heureuse dont il paraît chaque jour s'éloigner davantage. C'est la tâche que Rousseau a réservée à l'éducation, et c'est pour nous enseigner de quelle façon elle doit être remplie, qu'il a écrit l'*Émile*, la plus originale et la plus profonde de toutes les productions de sa plume.

Mais parce que ces œuvres se répondent et se suivent en nous présentant, sous toutes ses faces, le problème de la destinée humaine, en l'étudiant successivement, par rapport à notre origine, à notre état actuel et à notre avenir, il ne faut pas croire qu'elles s'accordent entre elles, ou qu'elles forment une doctrine parfaitement conséquente. C'est le contraire qui arrive. Toute la pensée de Rousseau, toute sa carrière philosophique et politique peut être caractérisée par trois mots qui en marquent, pour ainsi dire les principales étapes : hypothèse, chimère, contradiction.

C'est l'hypothèse qui se présente la première et qui fait la substance des deux discours adressés à l'Académie de Dijon : car quoi de plus hypothétique que cette condition originelle de l'homme qui remonte au delà de toutes les traditions, soit historiques, soit religieuses, et dont il faut pourtant avoir une idée, si l'on accuse la société d'être un état de décadence. Rousseau lui-même en convient naïvement, lorsqu'il dit que cet état « n'a peut-être point existé », et qu'en tout cas il n'est pas facile de s'en faire une notion juste dans notre condition actuelle. « Semblable à la statue de Glaucus, que le temps, la mer et les orages avaient tellement défigurée, qu'elle ressemblait moins à un dieu qu'à une bête féroce, l'âme humaine altérée au sein de la société par mille causes sans cesse renaissantes, par l'acquisition d'une multitude de connaissances et d'erreurs, par les changements arrivés à la constitution des corps, et par le choc continuel des passions, a, pour ainsi dire, changé d'apparence au point d'être presque méconnaissable. »

Après l'hypothèse vient la chimère, après l'état de nature tel que Rousseau le suppose, la société telle qu'il l'imagine, et qu'il entreprend de la fonder sur un contrat inexécutable. Il a dit lui-même dans une des plus belles lettres de *la Nouvelle Héloïse* : « Le pays des chimères est en ce monde le seul digne d'être habité. » Il n'a été que trop fidèle à cette maxime. Le pays des chimères a été sa véritable patrie et le seul but de sa pensée, aussi bien que de ses affections. C'est pour lui qu'il a écrit le *Contrat social* ; mais malheureusement ses abstractions, prises au sérieux, sont devenues en d'autres mains la justification de la violence et un texte perpétuel d'accusations contre la liberté.

Enfin, de même que l'ordre social préconisé par Rousseau est en opposition avec son état de nature, de même l'homme, tel qu'il veut le former pour l'avenir, l'homme de son *Émile*, élevé dans le respect de sa liberté, de son indépendance, de sa dignité personnelle, de la propriété et de la famille, est en opposition complète avec son ordre social. Le spiritualisme, défendu contre tout le xviiie siècle dans la *Profession de foi du Vicaire savoyard*, le sentiment religieux élevé dans la *Nouvelle Héloïse* à peu de distance du mysticisme, ne s'accordent pas davantage avec les maximes du droit naturel enseignées dans la préface du *Discours sur l'origine de l'inégalité*. Que conclure de là ? Que Rousseau n'a pu entrer dans le vrai qu'en cessant d'être conséquent ; que ses œuvres les plus belles et les plus pures, celles qui assurent à son nom l'immortalité, sont un éclatant démenti infligé aux autres ; qu'en un mot, il ne s'est sauvé du naufrage que par la contradiction.

C'est le châtiment mérité de ceux qui, dans la philosophie comme dans la politique, dans la politique comme dans la morale et dans la science du droit, se font une joie de briser la chaîne des temps, suppriment la solidarité des âmes et des intelligences, s'affranchissent de la reconnaissance envers les générations écoulées, et, répudiant l'héritage de leurs pères sans se souvenir des larmes et du sang qu'il a coûtés, semblent vouloir effacer de leurs cœurs le dogme de la fraternité humaine, non moins éclatant dans l'histoire que dans la conscience et dans la tradition. Il est juste que leur impuissance soit le châtiment de leur orgueil et de leur isolement volontaire, et que, tout en se révoltant contre l'autorité des siècles, ils soient forcés de rendre témoignage à cette parole antique : « Il n'est pas bon que l'homme soit seul. »

CHAPITRE II

Discours sur l'inégalité parmi les hommes.

Après avoir essayé d'embrasser dans son ensemble et de caractériser d'une manière générale, je ne dis pas la doctrine de Rousseau, puisqu'il en a plusieurs, mais sa vie intellectuelle, sa carrière philosophique et même littéraire, je vais donner une idée de chacun des trois systèmes entre lesquels se partagent tous ses écrits, en suivant exactement l'ordre chronologique; par conséquent, en m'arrêtant d'abord au *Discours sur l'origine et les fondements de l'inégalité parmi les hommes*. C'est l'anneau qui soutient toute la chaîne, et comme le premier coup de dé sur lequel s'est engagée toute la partie.

Toute l'économie de cet ouvrage, comme la pensée même qui l'a inspiré, repose sur une antithèse. Il se compose de deux parties, ou pour mieux dire de deux tableaux, qui nous représentent, en quelque sorte, la lumière et les ténèbres, le ciel et l'enfer. Le premier, pour employer les expressions même dont Rousseau se sert ailleurs, le premier nous montre que tout est parfait en sortant des mains du Créateur, c'est-à-dire dans l'état de nature; le second, que tout se corrompt entre les mains des hommes, ou dans l'ordre social.

Tous les hommes, dans l'état naturel, jouissent d'abord de la force et de la santé; car ces deux qualités y sont la condition de la vie, au lieu de n'en être que le luxe comme au sein de la société. La nature applique au genre humain, et aux animaux en général, la loi qui régnait à Sparte. Elle tue sans pitié ceux qui n'apportent pas au monde une constitution irréprochable. Tous les hommes, dans l'état naturel, ont les moyens de pourvoir à leur subsistance et à leur sûreté. Les productions spontanées d'un sol généreux, qui a conservé toute sa sève et toute sa jeunesse, leur fournissent abondamment la première; et la seconde, ils la trouvent dans leur instinct, dans la vigueur et dans la souplesse de leurs membres aguerris; armes bien supérieures à celles que la civilisation a inventée. Enfin, tous les hommes, dans l'état naturel, sont aussi étrangers aux maux de l'âme qu'à ceux du corps. Les maux de l'âme, ce sont les inquiétudes, les passions, le doute, les stériles agitations du cœur et de l'intelligence; et d'où leur viendrait l'expérience de ces misères, tant que l'instinct est la seule règle de leur existence, tant qu'ils ne sont point sortis de cette heureuse ignorance qui est la santé de l'esprit? Tout le monde connaît cette proposition fameuse : « L'homme qui médite est un animal dépravé. »

Mais, si l'état de nature nous offre réellement la réunion de tous ces biens, il n'est pas seulement antérieur, il est contraire à la société, ou, ce qui revient au même, la société n'est pas naturelle. Pourquoi, en effet, l'homme, quand il se suffit à lui-même, quand il trouve en lui-même la perfection et le bonheur, chercherait-il hors de lui un complément dont il n'a pas besoin, dont son imagination endormie ne soupçonne pas l'existence? « Il est impossible d'imaginer, dit Rousseau, pourquoi, dans cet état primitif, un homme aurait plutôt besoin d'un autre homme qu'un singe ou un loup de son semblable, ni, ce besoin supposé, quel motif pourrait engager l'autre à y pourvoir, ni même, en ce dernier cas, comment ils pourraient convenir entre eux des conditions. » Quand on parle des misères de l'état de nature, c'est qu'on y transporte les passions de l'homme déjà corrompu par la société, et les raisons par lesquelles on démontre ordinairement que la société est nécessaire n'existeraient point sans elle. Cette erreur est surtout sensible dans Hobbes, qui, voulant prouver que l'état de nature est l'état de guerre, est obligé d'attribuer à l'homme naturel des sentiments d'orgueil, des idées de domination et d'envahissement, et qui n'appartiennent qu'à l'homme social. C'est celui-ci, non le premier, qui, dévoré d'une ambition insensée, regardera la terre comme son domaine et s'arrogera des droits sur la nature entière : *Jus in omnia*.

Non, l'état naturel n'est pas la guerre, mais la paix. La paix est la conséquence nécessaire d'une situation où l'homme, n'ayant que des besoins simples et limités, et possédant en abondance les moyens de les satisfaire, ne trouve aucune occasion d'entrer en lutte avec ses semblables. Non seulement il est sans motif de s'armer contre eux, mais il trouve dans son cœur un mouvement aussi doux qu'irrésistible, qui le porte à prendre sa part et à voler au secours de toutes leurs souffrances. C'est le sentiment ou plutôt l'instinct de la pitié. Sur ce fragile fondement, Rousseau essaie d'élever un système de morale qui a beaucoup d'analogie avec celui d'Adam Smith. Toutes les vertus dont nous nous croyons redevables à l'éducation, par conséquent à la société, ne sont, d'après lui, qu'autant de façons particulières d'exercer la pitié; comme pour l'auteur de la *Théorie des sentiments moraux*, elles ne sont que les diverses formes de la sympathie. Par exemple, qu'est-ce que la générosité? la pitié envers les faibles; la clémence? la pitié envers les coupables; l'humanité? la pitié envers les hommes en général. L'amitié n'est qu'une pitié constante fixée sur un seul objet. La pitié étant un instinct primitif de notre espèce, ne perd jamais entièrement son empire sur les cœurs même les plus dépravés: c'est ainsi qu'elle résiste à l'influence délétère des institutions sociales ; mais, à mesure qu'on s'éloigne de l'état de nature, à mesure que la réflexion prend le dessus sur l'instinct, elle perd sensiblement de sa vivacité et de son énergie. C'est la réflexion qui, isolant l'homme de son semblable et faisant le vide dans son cœur lui permet de dire, à l'aspect des souffrances d'autrui : « Péris si tu veux, je suis en sûreté. » C'est la réflexion, et avec elle la civilisation, la société, que Rousseau a voulu flétrir sous les traits d'un philosophe qui, pendant qu'un homme est assassiné sous ses fenêtres, se pose les mains sur les oreilles et se met à s'argumenter pour garder son indifférence. Il convient, dans ses *Confessions*, que cette image est trop dure, et c'est à Diderot qu'il la renvoie, en l'accusant de la lui avoir suggérée dans une intention perfide. Mais l'expression, quel qu'en soit l'auteur, ne change rien à la nature de l'idée. Ce n'est pas Diderot, c'est Rousseau qui défend cette doctrine, que l'homme abandonné à lui-même, l'homme inculte et sauvage, est plus sensible à la pitié, à l'humanité, à toutes les affections bienveillantes, que celui qui a été élevé dans la connaissance, dans l'amour et dans la pratique de ses devoirs, celui qui connaît les doux noms de Dieu, de la famille et de la patrie.

L'état de nature, selon Rousseau, ce n'est pas seulement la paix, l'innocence et le bonheur, c'est autre chose encore, qui lui tient plus au cœur que tous ces biens : l'état de nature, c'est l'égalité parfaite entre tous les hommes. Car, qu'est-ce qui les rendrait inégaux ? La force ? Tous la possèdent à peu près au même degré, puisque les faibles ne vivent pas et que rien n'empêche les autres d'atteindre la perfection d'une constitution saine et robuste. D'ailleurs, la force qui n'est pas organisée, qui n'appelle pas à son secours les arts de la civilisation, ne peut exercer qu'une domination fugitive. « Je fais dix pas dans la forêt et je suis libre. » L'inégalité viendrait-elle de l'intelligence ? L'intelligence ne se manifeste que par la parole, et la parole n'existe pas dans l'état de nature. L'homme, selon Rousseau, est né muet. C'est un fait extraordinaire et encore inexpliqué, presque un miracle qui l'a tiré de cette condition. Rousseau croit avec de Maistre et de Bonald, que la parole est nécessaire à l'institution de la parole. La beauté même est sans prix lorsqu'il n'y a pas d'amour. Or, qu'est-ce que l'amour dans l'état naturel, sinon l'instinct de la brute, un appétit incapable de préférence, et qui meurt dès l'instant qu'il est assouvi ?

La conclusion de ce raisonnement, c'est que l'inégalité ne commence qu'avec la société. Mais la société elle-même, pourquoi a-t-elle commencé? Pourquoi, comment sommes-nous sortis de cette bienheureuse existence pour laquelle nous étions nés, à laquelle nous étions destinés, dès l'origine des choses, dans les plans éternels de la création ? Quelle puissance jalouse nous a chassés de ce paradis terrestre ? Ce problème difficile, c'est Rousseau lui-même qui l'a créé en quelque sorte et il chercherait en vain à l'éviter. Voici donc la solution qu'il en donne : elle nous représente la seconde partie de son discours, ou le second terme de son antithèse.

Puisque la société n'est pas dans la nature, elle a dû être le résultat d'un accident, d'un malheur fortuit. Ce malheur, c'est l'institution de la propriété. « Le premier qui, ayant enclos un terrain, s'avisa de dire : ceci est à moi, et trouva des gens assez simples pour le croire, fut le vrai fondateur de la société civile ». Que de crimes, de guerres, de meurtres, que de misères et d'horreurs n'eût point épargné au genre humain celui qui, arrachant les pieux ou comblant le fossé, eût crié à ses semblables : Gardez-vous d'écouter cet imposteur; vous êtes perdus, si vous oubliez que les fruits sont à tous et que la terre n'est à personne. » Ces paroles renferment un précieux aveu, car, si on les détache du roman dans lequel elles sont enchâssées, elles signifient simplement que, sans la propriété, la société elle-même n'existerait pas. Mais, après avoir montré que la naissance de la société date du même jour que celle de la propriété, Rousseau observe avec un grand sens que cette dernière institution n'ayant pu se former tout d'un coup, a dû être précédée de beaucoup d'autres, sorties comme elle d'un long et laborieux enfantement. Elle ne serait, en effet, d'aucun avantage sans un certain degré de civilisation qui nous apprend à en tirer parti. Elle suppose l'art de cultiver la terre, l'art de planter, l'art de bâtir. Elle suppose l'existence de la famille, car c'est surtout pour ceux qu'on aime et qui ont besoin de nous que l'on songe aux besoins du lendemain. Il y a donc, entre l'établissement de la propriété et l'état de pure nature, une condition intermédiaire. Cette condition, c'est la vie sauvage, poétiquement appelée par Rousseau la jeunesse du monde.

Que l'état de nature, tel que Rousseau l'a imaginé, soit moins éloigné de la vie sauvage que d'une société fondée sur la propriété et sur l'agriculture, on peut l'admettre sans difficulté. Mais cette transition ne fait que reculer le problème; elle n'a pas la vertu de le résoudre. Pourquoi l'homme a-t-il quitté l'état naturel pour l'état sauvage ? Pourquoi, de cette félicité suprême qu'il a trouvée en naissant et à laquelle l'enchaînaient tous ses instincts, est-il descendu à une condition où déjà commencent les infirmités et les misères de l'ordre social, sans aucun des avantages de la civilisation : le besoin, l'inquiétude, la maladie, les soucis de la famille et surtout la guerre, sous sa forme la plus cruelle? Pressé par cette difficulté, pour laquelle il n'y a pas d'ajournement possible, Rousseau est obligé de défaire tout ce qu'il a fait jusqu'à présent, et de chercher dans de nouvelles hypothèses une arme contre celle qu'il vient de construire avec tant d'efforts et qu'il a caressée avec tant d'amour. Il suppose que l'homme, après avoir joui pendant quelque temps des douceurs de l'état de nature, a été forcé de disputer sa subsistance aux animaux et de leur déclarer la guerre. Incapable de lutter avec eux d'agilité et de force, il eut recours à l'industrie et à la ruse; il suppléa à la faiblesse de ses armes naturelles par des armes de son invention : le bâton, la fronde, l'arc et les flèches. L'expérience lui ayant appris que des sécheresses, des inondations pouvaient dévaster la terre et lui enlever les fruits sur lesquels il comptait pour sa nourriture, il s'accoutuma à faire des approvisionnements, à chercher des ressources dans la chasse et dans la pêche, et à construire un abri pour sa personne aussi bien que pour les instruments et les conquêtes de son travail. Une fois pourvu d'un gîte, il fallut bien, pendant ses excursions, le laisser à la garde de quelqu'un. Il se choisit donc une compagne, il reconnut ses enfants, et la famille fut fondée.

Rien de mieux imaginé, sans doute. Tout s'enchaîne et tout s'accorde dans ce récit. Mais si la vérité est là, elle n'est plus dans le tableau qu'on nous présentait tout à l'heure. L'état de nature n'est donc pas le bonheur, puisqu'il ne peut satisfaire même nos besoins les plus grossiers, et que l'homme, dès qu'il a ouvert les yeux à la lumière, a été forcé d'en sortir, sous peine de destruction. Cela revient à dire que ce prétendu état de nature n'est pas naturel à l'homme. Soit; mais qu'est-ce qui est alors l'état naturel de l'homme? Est-ce la vie sauvage? Oui, nous répond Rousseau, en oubliant complètement son premier rêve : « Plus on y réfléchit, plus on trouve que cet état était le moins sujet aux révolutions, le meilleur à l'homme, et qu'il n'en a dû sortir que par quelque funeste hasard, qui, pour l'utilité commune, eût dû ne jamais exister. L'exemple des sauvages qu'on a presque tous trouvés à ce point semble confirmer que le genre humain était fait pour y rester, que cet état est la véritable jeunesse du monde, et que tous les progrès ultérieurs ont été en apparence autant de pas vers la perfection de l'individu, et en effet vers la décrépitude de l'espèce. »

L'idéal que la société a détrôné doit donc être placé moins haut et moins loin que nous n'avons pu le croire en commençant. Cet Éden d'où nous avons été bannis par le démon de la propriété se réduit maintenant aux proportions de la vie que menaient, il y a trois siècles, les Hurons et les Iroquois dans les forêts du Nouveau-Monde. Quelles furent, selon Rousseau, les conséquences de cette révolution? Avec la propriété naquit d'abord l'inégalité, et avec l'inégalité tous les maux qui en sont le cortège, à commencer par le plus grand de tous, je veux dire la guerre. Mais la guerre était-elle absolument inconnue aux peuples sauvages? N'était-elle pas au contraire le fond même de leur précaire et bestiale existence? Je ne discute pas encore les opinions de Rousseau ; je me borne à les exposer. La propriété à peine établie, les hommes se sont divisés en riches et en pauvres, et de cette première distinction sont sorties toutes les autres, avec l'envie, l'ambition, la haine, toutes les calamités et les discordes qu'elles traînent à leur suite. Les héritages s'étant étendus et multipliés au point de couvrir presque toute la terre, personne ne put rien acquérir, si ce n'est aux dépens d'autrui. La guerre éclata donc non seulement entre les pauvres et les riches, mais entre les riches eux-mêmes, entre ceux qui avaient plus et ceux qui avaient moins. La guerre, si nous en croyons l'auteur du *Discours sur l'inégalité*, a dans la propriété sa première origine et son unique raison d'être.

Pour arrêter ce fléau, on imagina de fonder le

pouvoir politique, qui ne servit qu'à l'étendre et à le perpétuer. Les habitants d'une même contrée, les possesseurs d'une certaine étendue du sol se réunirent entre eux pour protéger les faibles, contenir les ambitieux et assurer à chacun ce qui lui appartenait. On créa les lois, les tribunaux, les pouvoirs investis d'une autorité publique, mais au lieu de sauver un reste de liberté on se forgea de nouveaux fers. La guerre exerça ses ravages, non plus d'homme à homme, mais de nation à nation. « Les plus honnêtes gens apprirent à compter, parmi leurs devoirs, celui d'égorger leurs semblables; on vit enfin les hommes se massacrer par milliers, sans savoir pourquoi ; et il se commettait plus de meurtres en un seul jour de combat et plus d'horreurs à la prise d'une seule ville, qu'il ne s'en était commis dans l'état de nature (entendez la vie sauvage), durant des siècles entiers sur toute la face de la terre. » Du reste, les institutions civiles et politiques consacrèrent à perpétuité l'usurpation des riches et leur livrèrent, comme un héritage inaliénable, le patrimoine commun de tous les hommes.

Quand le genre humain eut franchi ces deux

premiers degrés de corruption et de misère : l'établissement de la propriété et celui des lois, des tribunaux, des magistratures, en un mot, de la société civile ou de l'État, il ne lui restait plus qu'à en descendre un troisième pour être arrivé au fond de l'abîme. Ce dernier terme de la déchéance humaine, c'est le despotisme politique, appuyé sur le privilège et l'iniquité, sur l'inégalité extrême des rangs, des conditions et des fortunes. Auparavant, les magistratures étaient électives. Après ce nouveau pas vers la décrépitude, elles deviennent héréditaires ; au lieu de rester une charge exercée par dévouement, dans un intérêt public, elles ne sont plus qu'un patrimoine exploité par la cupidité et par l'orgueil, parce que le despotisme, après avoir réussi à s'établir par la ruse et par la force, ayant besoin d'intéresser à sa cause de nombreux serviteurs, est obligé de partager avec eux quelques-unes de ses prérogatives et de leur livrer les individus, tandis qu'il se réserve pour lui-même les nations. La propriété nous a donné l'état de riche et de pauvre ; la société civile, l'institution d'un gouvernement, celui de puissant et de faible ; enfin le despotisme divise tous les hommes en maîtres et en esclaves. Une situation aussi violente n'étant pas faite pour durer, Rousseau prédit une série de révolutions qui auront pour effet ou de dissoudre les gouvernements établis, ou de les rapprocher de leur état légitime. Cette prédiction, renouvelée dans l'*Émile*, sur un ton encore plus absolu, est sans contredit la proposition la plus remarquable de ce discours. Quant au système historique qu'il contient, il suffit de l'exposer pour en montrer l'incohérence et la faiblesse ; mais quand il s'agit d'un homme comme l'auteur du *Contrat social* et d'une opinion qui, en raison même de sa hardiesse, sans compter l'éloquence avec laquelle elle est défendue, est faite pour éblouir les imagination vives et les esprits mal exercés, cette critique sommaire serait entièrement déplacée. Je dirai donc quelles sont les raisons qui condamnent cette première partie de la doctrine de Rousseau.

1º Si la condition dans laquelle Rousseau représente nos premiers aïeux, immédiatement après la création de notre espèce, n'est pas seulement l'état natif de l'homme, mais son état naturel, c'est-à-dire l'état dans lequel, par son organisation physique et ses facultés morales, il était destiné à rester, l'état dans lequel il trouvait la paix, le bonheur, et, à défaut de la vertu, qui n'existe qu'avec la lutte, la grâce de l'innocence, la perfection, en un mot, autant qu'elle appartient à une créature ; pourquoi en est-il sorti pour aller au-devant de ses vices et de ses misères actuels! Le christianisme aussi admet la déchéance de l'homme, mais il l'explique par la tentation, et la tentation elle-même ne lui aurait point paru assez puissante, si elle n'était exercée par un être surnaturel, et si elle ne s'adressait à l'orgueil de l'homme, à sa plus haute ambition, celle d'égaler Dieu. Hobbes faisant de la société, non pas une chute, mais un perfectionnement, est très conséquent avec lui-même, quand il nous rend compte de son existence, par les violences et l'anarchie de l'état de nature. Enfin, Vico, nous représentant la force qui domine l'état sauvage comme le commencement même de la société, comme la première forme de l'ordre et du droit, est aussi conséquent que Hobbes, sans être aussi chimérique. Mais dire que le premier état de l'homme a été le terme le plus élevé de sa félicité et de sa perfection, et que l'homme est sorti de cet état sans tentation, sans besoin, sans violence, pour la condition qu'il occupe aujourd'hui, c'est armer l'évidence contre soi.

2° A quel titre l'état de nature, tel que Rousseau le conçoit, serait-il la perfection ? L'homme n'y est qu'un animal ; il n'y est soumis qu'à des instincts animaux. Il n'y possède aucuns des biens qui l'élèvent à ses yeux et à ceux de ses semblables, ou qui lui ouvrent une vue sur le monde intellectuel et moral : il ne connaît ni la religion, ni l'amour, ni l'amitié, ni le respect, ni le dévouement, ni l'admiration, car aucun de ces sentiments ne se trouve compris dans la pitié, le seul mouvement que Rousseau laisse à son cœur à côté de l'égoïsme. Il ne connaît ni père, ni mère, ni enfants, car il ne se choisit pas une femme ; il est insensible aux charmes de la faiblesse, de la grâce, des tendres affections. Puis tous ces trésors lui seraient inutiles, puisqu'il est privé du don de la parole. Il est muet d'origine et par la loi de sa nature, il est sourd et aveugle à tout ce qui dépasse l'horizon des sens. Quels sont les maux de l'ordre social qui puissent se comparer à ce mal suprême : l'engourdissement de l'âme dans l'existence de la brute ?

Voici une dernière difficulté non moins insoluble que les autres et qui nous montre avec quel aveuglement Rousseau s'est engagé dans cette voie périlleuse. Comment l'homme, cette triste créature, née muette et qui n'éprouvait aucun besoin de sortir de son mutisme, parce qu'elle n'avait que des instincts et point d'intelligence, est-elle devenue, avec le temps, une créature parlante et pensante? Comment, si la parole n'est pas comprise au nombre de ses facultés primitives ou naturelles, la famille a-t-elle pu naître, et avec la famille la propriété, cet accident inexpliqué, qui selon Rousseau a été l'origine de la société? Comment sans la parole et sans la famille, l'homme a-t-il pu s'élever jusqu'à l'idée d'une religion, puisque toutes se présentent comme nées de la parole divine ou d'une révélation; puisque toutes nous parlent de Dieu comme du père du genre humain et de toute la création? Comment, enfin, sans religion, sans famille, sans relations sociales, l'homme a-t-il pu concevoir la loi du devoir, a-t-il pu entendre la voix de la conscience, qui joue un si grand rôle dans la *Profession de foi du Vicaire savoyard?* Si la parole, comme le dit Rousseau, a été nécessaire à l'institution de la parole, c'est-à-dire si elle a été révélée d'une manière surnaturelle ; s'il en est ainsi de tout le reste, de la famille, de la religion, de la morale, alors la société n'est plus seulement dans la nature, elle a été fondée directement par la volonté divine. Mais telle n'est point, on le sait, la pensée de Rousseau. Rousseau a voulu affranchir la raison de toute autorité ; il a nié toute révélation dans le *Dialogue de l'Inspiré et du Raisonneur*. Il faut donc que pour lui la parole soit naturelle, la morale naturelle, la religion naturelle, la famille naturelle, et partant, que la société tout entière, la société et la civilisation soient dans la *nature*.

CHAPITRE III

Le « Contrat social ».

Voltaire, après avoir reçu un exemplaire du *Discours sur l'origine et les fondements de l'inégalité*, en remercia l'auteur par ce compliment ironique : « Il prend envie de marcher à quatre pattes en vous lisant. » Le sentiment de Voltaire, combattu d'abord par un enthousiasme irréfléchi, est devenu celui de tout le monde. Il y a longtemps que le bon sens public a fait justice des rêveries de Rousseau sur l'état de nature et les délices de la vie sauvage. Mais il n'en est pas de même de sa théorie sur la constitution et le gouvernement de la société. Cette partie de ses opinions, sans qu'on se doute de son origine, a exercé sur les esprits un immense empire, et n'a pas cessé, depuis soixante ans, de compromettre la cause de la liberté en obscurcissant toutes les idées d'ordre et de justice, et en fournissant des arguments à des utopies irréalisables. Cependant la politique de Rousseau n'est qu'une conséquence légitime de sa philosophie de l'histoire, je veux dire de son roman sur l'état de nature. Le *Contrat social* n'est que le développement et la continuation du *Discours sur l'origine et les fondements de l'inégalité parmi les hommes*. On peut dire, avec une exactitude rigoureuse, que les conclusions de l'un servent à l'autre de prémisses. Le premier de ces deux ouvrages, malgré le ton sentencieux et l'appareil géométrique qui y règnent, n'a donc pas plus de solidité que le second.

Puisque la société n'est pas dans la nature, et que nous sommes assez dégradés pour ne pouvoir plus vivre hors de son sein, il faut nécessairement qu'elle repose sur une autre base : ou sur la force, ou sur la convention, c'est-à-dire un contrat librement accepté par tous les membres du corps social. Nul doute, dans l'opinion de Rousseau, que la force n'ait joué un très grand rôle dans l'organisation de la société telle qu'il l'a trouvée; mais ce qui a été n'est pas la règle de ce qui doit être. La société ne subsiste que par les lois, et les lois invoquent le droit, qui est tout l'opposé de la force. Quant à placer le droit dans la force elle-même, c'est une contradiction manifeste. La force a le même caractère que la nécessité, à laquelle il est impossible de ne pas céder quand on est le plus faible, et le droit, c'est la raison qui réclame notre obéissance, même en l'absence de toute contrainte. La force écartée, « restent, dit Rousseau, les conventions pour base de toute autorité légitime parmi les hommes ».

Cela paraît logique; mais ce qui ne l'est pas moins, c'est la conséquence qui en découle, et qui suffirait à elle seule pour condamner tout le système. Si la société n'est qu'une pure convention ou le résultat d'un contrat, toutes les lois sur lesquelles elle repose, tous les devoirs qu'elle nous prescrit, tous les droits qu'elle nous reconnaît sont également de convention et peuvent être, selon la volonté des contractants, conservés, changés, au supprimés. Ne parlez pas de devoirs ni de droits naturels, car vous savez que, dans l'état de nature, et même dans l'état sauvage qui lui succède, toutes les actions de l'homme émanent de la pitié ou de la conservation de soi-même. Or, la pitié et le sentiment de la conservation sont des passions qui appartiennent, non seulement à l'homme, mais à l'animal ; et les passions, de même qu'elles n'imposent pas de devoirs, ne confèrent point de droits.

Rousseau se trouve donc en désaccord avec lui-même, et, au lieu de suivre sa pensée, n'obéit qu'à son cœur, lorsqu'en parlant de l'esclavage il s'écrie avec une généreuse indignation : « Renoncer à sa liberté, c'est renoncer à sa qualité d'homme, aux droits de l'humanité, même à ses devoirs. « Ces droits de l'humanité, quels sont-ils? Quels sont les devoirs que nous avons à remplir en dehors de toute convention et de toute législation positive? L'idée même d'un devoir et d'un droit ne peut exister pour nous que dans l'ordre social, qui les crée en quelque sorte. C'est la société qui fait de l'homme un être moral.

Mais voici une autre conséquence encore plus grave, s'il est possible, au moins pour ceux qui voient dans Rousseau l'apôtre des idées libérales, l'ennemi déclaré de toute servitude. Avec l'anéantissement de nos devoirs et de nos droits, ou, ce qui revient au même, avec la doctrine qui les fait dépendre du caprice des hommes et des articles d'une constitution ou d'un code, que devient l'idée même de la liberté, puisque la liberté, comme l'a si bien définie Montesquieu, n'est que la faculté de faire ce qu'on doit vouloir, ou d'user de son intelligence et de ses forces selon sa conscience et ses besoins, en respectant les droits d'autrui et ceux de la société tout entière. On peut affirmer, avec toute certitude, que l'idée de la liberté n'est pas moins étrangère à Rousseau qu'à Hobbes, puisqu'il la confond, comme cet apôtre du despotisme, avec les forces de l'individu, et ne l'admet que dans l'état de nature. La société, telle qu'il la conçoit, en demande le sacrifice pour lui substituer un autre avantage, dont je parlerai tout à l'heure.

Ce jugement paraît étrange; il est manifestement en opposition avec les pages éloquentes que Rousseau a écrites contre l'esclavage, ou plutôt qu'il a empruntées, en les enflammant de son style, à *l'Esprit des lois*. Cependant, il n'est que l'expression fidèle de la vérité, et l'on ne tardera pas à en avoir la preuve.

Rousseau démontre très bien que, si l'on admet son principe, et s'il n'y a de société légitime que celle qui repose sur un contrat, l'esclavage, tel qu'on le conçoit ordinairement, est ruiné dans sa base; un homme, et encore moins un peuple, ne peut pas s'aliéner, pour son propre compte et pour celui de ses descendants, au profit d'un individu ou d'une famille, quels que soient les avantages qu'il recueille de ce crime, un véritable suicide, d'autant plus criminel qu'il survit à celui qui l'a commis et devient en quelque sorte héréditaire. « C'est une convention vaine et contradictoire de stipuler, d'une part une autorité absolue, et de l'autre une obéissance sans bornes. N'est-il pas clair qu'on n'est engagé à rien envers celui dont on a droit de tout exiger? Et cette seule condition sans équivalent, sans échange, n'entraîne-t-elle pas la nullité de l'acte? Car, quel droit mon esclave aurait-il contre moi, puisque tout ce qu'il a m'appartient, et que, son droit étant le mien, ce droit de moi contre moi-même est un mot qui n'a aucun sens. »

Mais il y a plus d'une manière d'avilir et d'opprimer les hommes. Indépendamment de la servitude civile, il y a la servitude politique. Indépendamment de la domination du maître sur l'esclave, il y a celle de l'État sur les particuliers, celle des majorités sur les minorités, le despotisme des masses sur tout ce qui s'élève au-dessus de leur niveau ; et celui-là, Rousseau l'accepte dans toute sa rudesse, il l'exige comme la condition sans laquelle il n'y a ni société, ni gouvernement légitime. C'est une conséquence rigoureuse de son principe. Puisque la société est le résultat d'un contrat, c'est-à-dire d'un acte de pure convention, qui n'est obligé de se conformer à aucune loi naturelle ; puisque ce contrat ne peut avoir lieu qu'entre l'individu et le corps tout entier, il est évident que le corps dispose à son gré de l'individu ; que l'individu n'a rien qui lui appartienne en propre ; que sa personne et ses biens appartiennent à l'association ou à l'État. Il n'y a d'État solide et régulièrement constitué que celui qui repose sur cette base. C'est à ce résultat qu'aboutissent toutes les clauses du contrat social ; mais laissons à Rousseau lui-même le soin de nous les expliquer. Aucun commentaire ne vaudra le sien.

« Ces clauses bien entendues se réduisent toutes à une seule, savoir : l'aliénation totale de chaque associé avec tous ses droits à toute la communauté. Car, premièrement, chacun se donnant tout entier, la condition est égale pour tous, et, la condition étant égale pour tous, nul n'a intérêt de la rendre onéreuse aux autres. De plus, l'aliénation se faisant sans réserve, l'union est aussi parfaite qu'elle peut l'être, et nul associé n'a plus rien à réclamer... Enfin, chacun se donnant à tous, ne se donne à personne; et comme il n'y a pas un associé sur lequel on n'acquière les mêmes droits qu'on lui cède sur soi, on gagne l'équivalent de tout ce qu'on perd et plus de force pour conserver ce qu'on a. Si donc on écarte du pacte social ce qui n'est pas de son essence, on trouvera qu'il se réduit aux termes suivants : chacun de nous met en commun sa personne et toute sa puissance sous la suprême direction de la volonté générale, et nous recevons en corps chaque membre comme partie indivisible du tout. » Il se forme ainsi, selon Rousseau, un *moi* commun, une personne publique, à laquelle sont transportés tous les droits, toutes les facultés et jusqu'à la conscience de la personne naturelle. Les droits de cet être collectif et irresponsable n'ont pas d'autres limites que sa puissance.

Il est impossible de sacrifier d'une manière

plus complète la liberté individuelle, non seulement à l'État, mais au pouvoir aveugle et aux passions violentes de la multitude. En vain Rousseau cherche-t-il à nous rassurer par cette réflexion, que, la condition étant égale pour tous, personne n'a intérêt à la rendre onéreuse aux autres. Non, la condition n'est pas égale pour tous, car les hommes ne sont pas égaux. Il y en aura toujours qui l'emporteront sur les autres, ou par leur intelligence, ou par leur activité et leur courage, ou par la noblesse de leurs sentiments, par la constance de leurs affections, par tous les besoins d'une nature d'élite. Faut-il donc que les plus instruits et les plus sages reçoivent la loi des ignorants et des aveugles ? ceux qui connaissent le prix du temps et la sainte discipline du travail, de ceux qui passent leurs jours dans le désordre et la paresse ? les âmes tendres, délicates, religieuses, de ceux qui n'adorent que la matière et n'obéissent qu'aux instincts de la brute ? que tous enfin fassent descendre leur esprit et leur cœur au niveau le plus bas ? Mieux vaut, mille fois, le joug d'un seul que celui de cette masse turbulente, inintelligente et exaltée par l'ivresse de la toute-puissance.

Mais, dira-t-on, quel que soit le principe sur lequel Rousseau essaye de fonder l'ordre social et son contrat imaginaire, n'est-il pas obligé de reconnaître qu'il n'y a pas de sociétés sans lois, et que toutes les lois d'un État organisé en supposent d'irrévocables, de fondamentales, qui leur donnent, en quelque sorte, le droit de naître, et qui sont le fondement unique de leur autorité? Or, s'il en est ainsi, le pouvoir de la multitude n'a-t-il point des bornes? n'y a-t-il pas certaines institutions et certains droits mis à l'abri de ses caprices? n'y a-t-il pas des garanties pour la dignité, la sécurité et la légitime action de l'individu? Le langage impérieux de Rousseau ne nous permet pas de nous faire cette illusion. La communauté, selon lui, n'est tenue envers ses membres à aucun engagement positif. Il n'y a aucune de ses lois qu'elle soit obligée de garder; il n'y en a aucune qu'elle ne puisse enfreindre, même pendant qu'elle la déclare en pleine vigueur « Il est contre la nature du corps politique que le souverain s'impose une loi qu'il ne puisse enfreindre. Ne pouvant se considérer que sous un seul et même rapport, il est alors dans le cas d'un particulier contractant avec lui-même : par où l'on voit qu'il n'y a ni ne peut y avoir nulle espèce de loi fondamentale obligatoire pour le corps du peuple, pas même le contrat social. »

Qu'on le remarque bien, c'est le même raisonnement, ce sont presque les mêmes termes par lesquels Rousseau a démontré que l'esclave n'a aucun recours contre son maître ; que le maître, en absorbant les droits et pour ainsi dire la personne de son esclave, n'a de lois à recevoir que de sa propre volonté. Mais quoi ! cette conformité de situation n'est-elle pas une preuve que la société comme Rousseau la conçoit, telle qu'il vient de la définir, n'est qu'une servitude générale et par suite sans espoir de rachat? Loin de dissimuler cette conséquence de sa doctrine, l'auteur du *Contrat social* prend une sorte de plaisir à la mettre en évidence. « Comme la nature donne à chaque homme, dit-il, un pouvoir absolu sur tous ses membres, le pacte social donne au corps politique un pouvoir absolu sur tous les siens ; et c'est ce même pouvoir qui, dirigé par la volonté générale, porte le nom de souveraineté. »

Si c'est ainsi qu'il faut entendre les droits de l'État, il est clair qu'ils s'étendent aux biens comme aux personnes et que la propriété n'est pas plus inviolable que la liberté. La propriété, selon la définition qu'en donne la Constitution de 93, rédigée en quelque sorte sous les inspirations de Rousseau, ne sera que la portion de bien assignée à chaque citoyen par la loi. Pourquoi, en effet, la propriété serait-elle maintenue? Absolument contraire à l'ordre naturel, elle ne s'accorde pas mieux, selon les idées de Rousseau, avec le principe sur lequel repose le contrat social. « Chaque membre de la communauté se donne à elle au moment qu'elle se forme, tel qu'il se trouve actuellement, lui et toutes ses forces, dont ses biens font partie. » — « L'État, à l'égard de ses membres, est maitre de tous leurs biens par le contrat social, qui sert de base à tous leurs droits. »

Ces propositions, prises à la lettre, contiennent évidemment l'apologie du communisme : car dire que l'État est le seul propriétaire et que les citoyens n'ont qu'un droit de jouissance concédé et défini par la loi, c'est abolir toute propriété individuelle et particulière. Mais Rousseau, moins hardi que quelques-uns de ses disciples, n'ose pas aller jusque-là. A la communauté absolue il préfère l'égalité ; l'égalité des biens, condition indispensable, à ses yeux, de l'égalité des droits. D'ailleurs la propriété, malgré l'horreur qu'elle lui inspire, est, dans son opinion, un moyen puissant d'intéresser les hommes à l'ordre social ; car l'ordre social, l'empire des lois, ne profite qu'à ceux qui ont quelque chose, tandis qu'il est nuisible à ceux qui n'ont rien. Il faut donc faire en sorte que tous aient quelque chose et que personne n'ait rien de trop.

Que personne n'ait rien de trop ! Sous cette réserve, la propriété peut exister sans danger ; elle ne fera pas ombrage aux passions de la multitude et ne diminuera pas la toute-puissance de l'État. Toutes les armes de la démagogie — le *maximum*, la loi agraire, l'impôt progressif, les réquisitions arbitraires, l'emprunt forcé — sont renfermées dans ces quelques mots.

CHAPITRE IV

La théorie du gouvernement.

C'est la société elle-même que Rousseau vient de constituer et, en quelque sorte, de défendre à sa manière. Mais toute société a besoin d'un gouvernement. Aucune théorie sociale ne peut se passer d'une théorie politique, qui nous montre sous quelle forme et à quelles conditions elle est réalisable. C'est la partie politique du *Contrat social* qu'il nous reste encore à examiner. Nulle part, les contradictions et les chimères ne se pressent en plus grand nombre, et comme l'orgueil humain y trouve toujours son compte, cette partie des œuvres de Rousseau est précisément celle qui a été la plus funeste.

Au lieu des trois pouvoirs reconnus par Montesquieu, Rousseau n'en admet que deux : le pouvoir qui règne et celui qui gouverne ; le pouvoir qui ordonne et celui qui exécute ; ou, pour conserver exactement ses propres expressions, le souverain et le prince. Le pouvoir judiciaire, déchu de sa place légitime, n'est donc plus qu'une simple attribution des deux autres, c'est-à-dire que le saint ministère de la justice est livré à tous les hasards et à toutes les passions de la politique. C'est une première erreur, grosse de déplorables conséquences, source féconde d'anarchie et d'oppression ; mais elle est confondue et comme étouffée au milieu de tant d'autres, qu'à peine l'esprit a-t-il le temps de s'y arrêter.

De l'idée que Rousseau nous a donnée de la société, des termes du contrat sur lequel il fonde son existence, il résulte évidemment que le souverain ne peut être que le peuple tout entier ou la majorité du peuple ; mais reconnaître la souveraineté du peuple comme la condition même de l'ordre social, comme la seule base de l'autorité des lois, c'est dire qu'elle ne peut pas changer de nature ni passer en d'autres mains ; c'est la déclarer incessible, indivisible et inaliénable.

Les conséquences que Rousseau fera sortir de ces principes sont faciles à deviner. La souveraineté, étant indivisible, ne peut être exercée que par le peuple en corps, car la souveraineté du peuple, c'est sa volonté, et la volonté du peuple, si elle n'est pas générale, n'existe pas. La souveraineté du peuple une fois reconnue indivisible en principe, en confier l'exercice à plusieurs assemblées, à plusieurs pouvoirs séparés les uns des autres par des attributions plus ou moins distinctes, c'est une idée aussi absurde, selon Rousseau, que de vouloir que l'homme soit composé de plusieurs corps, dont l'un aurait des yeux, l'autre des bras, l'autre des pieds, et rien de plus : c'est ressembler à ces charlatans du Japon qui, faisant semblant de découper un enfant en plusieurs morceaux et de jeter en l'air tous ses membres l'un après l'autre, paraissent ensuite le faire retomber tout vivant aux yeux des spectateurs. A défaut de raisons, ce sont des railleries sans fin que Rousseau oppose aux partisans de l'école monarchique et constitutionnelle. Il ne lui en coûte pas plus d'accuser leurs intentions que leur intelligence.

La souveraineté étant inaliénable, ne peut pas

selon Rousseau, être déléguée, même temporairement, et exercée par des mandataires du peuple, librement choisis dans ses comices et reconnus dignes de sa confiance. Il repousse donc absolument, même dans une république et dans une démocratie, le principe du gouvernement représentatif. « La souveraineté, dit-il, ne peut être représentée, par la même raison qu'elle ne peut être aliénée ; elle consiste essentiellement dans la volonté générale, et la volonté ne se représente point : elle est la même ou elle est autre ; il n'y a point de milieu. Les députés du peuple ne sont donc ni ne peuvent être ses représentants ; ils ne sont que ses commissaires (pendant la tourmente de 1848 on disait ses commis) ; ils ne peuvent rien conclure définitivement. Toute loi que le peuple en personne n'a pas ratifiée est nulle ; ce n'est point une loi. Le peuple anglais pense être libre ; il se trompe fort, il ne l'est que durant l'élection des membres du Parlement ; sitôt qu'ils sont élus, il est esclave, il n'est rien. » L'idée de donner au peuple des représentants n'a pas d'autre origine, selon Rousseau, qu'un sordide intérêt. C'est pour rester chez eux et s'occuper de leurs affaires, que les peuples corrompus remettent leurs droits à des députés, qui ne manquent pas de s'en servir pour les vendre. C'est ainsi que Rousseau juge les faits, quand les faits refusent de s'accommoder à ses doctrines. Nous allons voir qu'il n'a pas plus de respect pour la logique, dès qu'il s'aperçoit que ses conclusions sont impraticables.

Voilà le peuple tout entier investi du souverain pouvoir et obligé de l'exercer directement, simultanément sans délégation ni partage. Le premier attribut de la souveraineté, c'est de faire des lois, et la première loi dont une nation a besoin est celle qui détermine la forme de la société ou la nature de son gouvernement; celle qui renferme en un mot, sa Constitution. Je ne dis pas que les choses se passent habituellement de cette manière; je dis que c'est ainsi qu'elles devraient se passer pour obéir au système de Rousseau. Or, personne n'admettra qu'une Constitution politique et que tout un Code de législation civile puissent sortir des délibérations d'une foule assemblée sur la place publique. Rousseau l'a bien compris, et, ne pouvant échapper à l'objection, il se donne le mérite de la signaler lui-même en des termes dont l'énergie ne laisse rien à désirer à ses contradicteurs. « Comment une multitude aveugle, qui souvent ne sait ce qu'elle veut, parce qu'elle sait rarement ce qui lui est bon, exécuterait-elle d'elle-même une entreprise aussi grande, aussi difficile qu'un système de législation? De lui-même, le peuple veut toujours le bien, mais de lui-même il ne le voit pas toujours. La volonté générale est toujours droite, mais le jugement qui la guide n'est pas toujours éclairé.

Quel sera le remède de ce mal inévitable? Une mesure bien autrement héroïque, d'une application bien plus difficile et plus dangereuse que la création d'une Assemblée de représentants. Il s'agit tout simplement de trouver un homme supérieur, un homme de génie comme Lycurgue, Solon ou Minos, une espèce de demi-dieu, qui remplira seul le rôle de législateur. Ce personnage aura pour mission de faire du peuple qui lui est confié un peuple tout nouveau, de le façonner aux exigences de la société, d'une société fondée sur la raison comme le sculpteur façonne le marbre et le bois. Il devra se sentir en état de changer la nature humaine, d'altérer la constitution de l'homme, et de substituer à sa vie personnelle, aux forces qui lui appartiennent comme individu, la vie et les forces du corps social. Pour comble de prodige, le législateur n'aura aucun pouvoir, « car, dit Rousseau, si celui qui commande aux hommes ne doit pas commander aux lois, celui qui commande aux lois ne doit pas non plus commander aux hommes; autrement ses lois, ministres de ses passions, ne feraient souvent que perpétuer ses injustices. » Très bien ! mais en supposant que cet être extraordinaire se trouve toujours sous la main de ceux qui le cherchent, comment comprendre un législateur qui n'ait aucune des prérogatives du souverain, et un souverain qui ne puisse être législateur ?

Le législateur se bornera donc à proposer les lois, et le souverain, c'est-à-dire le peuple, à les ratifier. Comme il n'y a plus de place, dans le cercle où il s'est enfermé, que pour cette seule combinaison, Rousseau se décide enfin à l'adopter. Mais se figure-t-on *une multitude aveugle,* comme Rousseau lui-même s'exprimait tout à l'heure, discutant les avantages et les inconvénients d'une Constitution et d'un Code ; du Code Napoléon, par exemple, ou de celui de Justinien ? Si l'on dit que les lois seront présentées une à une et non toutes à la fois, alors on n'aura fait que multiplier la difficulté en la divisant. Comment le peuple, réuni dans ses comices, sera-t-il en état de juger, et même de comprendre une loi de succession, une loi sur les hypothèques, sur la procédure, sur l'organisation de l'armée, sur l'instruction publique, ou tout autre sujet de cette nature? et s'il n'a pas assez de lumières pour comprendre les lois qu'on lui soumet, pourquoi lui demander sa sanction? La ratification du peuple, en de pareilles matières, ne sera jamais qu'un vain simulacre, ou un moyen de livrer la société et l'État entre les mains des démagogues, à la merci des instincts les plus vifs et quelquefois les plus sanguinaires.

« Puisque la montagne ne vient pas vers nous, disait Mahomet, allons vers la montagne. » Rousseau paraît tenir intérieurement le même langage. C'est un parti pris chez lui, toutes les fois que ses principes ne peuvent s'accommoder à la nature humaine, d'accommoder la nature humaine à ses principes. Afin de nous faire accepter la souveraineté du peuple dans les termes absolus qui lui servent à la définir, il a été obligé d'aller chercher en dehors du monde réel, un législateur à l'usage de son système. Maintenant il lui faut fabriquer un peuple tout exprès à l'usage de son législateur. Où trouver, en effet, ailleurs que dans l'imagination, un peuple absolument tel que Rousseau le demande : ni trop riche, ni trop pauvre, ni trop grand, ni trop petit, ni trop ancien, ni trop nouveau ? qui présente une société déjà formée, sans avoir encore ni traditions, ni lois, ni coutumes invétérées ? qui se fasse craindre et respecter de ses voisins, sans avoir l'ambition de rien entreprendre contre eux ? enfin qui puisse se passer des autres peuples et dont aucun autre peuple ne puisse se passer ? A défaut de ces natures vierges, il y a les révolutions, « où l'horreur du passé tient lieu d'oubli, et où l'État embrasé par les guerres civiles, renaît, pour ainsi dire, de sa cendre, et reprend la vigueur de la jeunesse en sortant des bras de la mort ». On dirait que Rousseau a voulu peindre par ces mots la tourmente pendant laquelle on a essayé parmi nous de mettre ses idées à l'épreuve de la pratique. Mais il comprend que les événements de cette espèce sont rares dans la vie des peuples, et que, s'ils n'arrivent pas à propos ou ne sont pas dirigés avec sagesse, ils peuvent avoir pour résultat ou la dissolution de l'État, ou le triomphe du despotisme.

Voilà déjà bien des contradictions et des utopies, et, cependant, nous ne sommes pas encore au terme de notre carrière. Après avoir montré ce que doit être le souverain, Rousseau nous parle de ce qu'il appelle le prince, c'est-à-dire du gouvernement ou du pouvoir exécutif, et de l'État considéré dans son ensemble.

La forme du gouvernement, pour l'auteur du *Contrat social*, n'est d'abord qu'une question de nombre, un problème arithmétique, dont la solution change avec le chiffre de la population. Plus il y aura de citoyens dans l'État, moins il y aura d'accord entre la volonté particulière de chacun d'eux et la volonté générale; par conséquent, plus le gouvernement devra être fort et concentré, pour réaliser dans les actes cette harmonie qui manque aux volontés. Le gouvernement monarchique convient donc aux grandes nations, le gouvernement démocratique aux petites, et l'aristocratie aux moyennes.

A peine cette théorie a-t-elle été exposée qu'elle est renversée par une autre, introduite, on ne sait comment, et soutenue comme la première, de ce ton dogmatique et tranchant qu'on rencontre si fréquemment chez Rousseau entre la passion et l'éloquence. Ce n'est plus le nombre qui décide de la forme du gouvernement, mais le climat et le degré de pauvreté ou de richesse, la situation économique de chaque pays.

« La liberté, n'étant pas un fruit de tous les climats, n'est pas à la portée de tous les peuples... Quand tout le Midi serait couvert de républiques et tout le Nord d'États despotiques, il n'en serait pas moins vrai que, par l'effet du climat, le despotisme convient aux pays chauds, la barbarie aux pays froids et la bonne politique aux régions intermédiaires. » Cette loi purement physique s'explique elle-même par une raison économique : les lieux où le travail ne rend exactement que le nécessaire, comme les contrées septentrionales, sont destinés à être habités par des peuples barbares. Ceux où les produits du travail sont médiocres, conviennent aux peuples libres. Enfin, les pays les plus riches, ceux où la nature prodigue ses trésors, en récompense de la peine la plus légère, réclament un gouvernement monarchique, afin que le superflu du peuple soit consumé par le luxe du prince. C'est précisément en cela que Rousseau fait consister l'avantage de la monarchie. Car il vaut mieux, selon lui, que le superflu de la fortune publique soit absorbé par le gouvernement que dissipé par les particuliers.

Je ne recommencerai pas ici la critique de cette doctrine, sur laquelle j'ai déjà dit ma pensée en m'occupant de Montesquieu; je me contente de l'exposer et de montrer à quel point elle diffère de la précédente. Mais supposons que ces deux doctrines n'en fassent qu'une seule, et réunissons les deux conditions qu'elles font à la démocratie; la médiocrité du nombre et un sol avare, garantie de la médiocrité des fortunes; au moins dans ces limites étroites, la démocratie est-elle possible ? Non, répond Rousseau avec une héroïque franchise. « A prendre le terme dans la rigueur de l'acception, il n'a jamais existé de véritable démocratie, et il n'en existera jamais. Il est contre l'ordre naturel que le grand nombre gouverne et que le petit soit gouverné. On ne peut imaginer que le peuple reste incessamment assemblé pour vaquer aux affaires publiques, et l'on voit aisément qu'il ne saurait établir pour cela des commissions, sans que la forme de l'administration change. »

« S'il y avait un peuple de dieux, il se gouverncrait démocratiquement. Un gouvernement si parfait ne convient pas à des hommes. »

Après cet aveu, il semble que la question soit résolue. Elle ne l'est pas, cependant, et elle ne pouvait l'être, parce que la question politique, dans les idées de Rousseau, est inséparable de la question sociale. Otez le principe du gouvernement démocratique, c'est-à-dire la domination de la multitude, le pouvoir absolu du peuple tout entier sur les minorités et les individus qu'il renferme dans son sein, la société elle-même cesse d'exister; car la société n'est légitime que fondée sur un contrat par lequel chacun de nous met en commun sa personne et ses biens, sous la suprême direction de la volonté générale. Il faut donc que la démocratie existe, même si elle ne trouve ni dans les hommes ni dans les choses les qualités qui lui sont nécessaires; même si elle doit devenir une source de calamités et de désordres. C'est ce droit divin d'une nouvelle espèce qui, dans nos dernières Assemblées républicaines, a fait placer la république au-dessus du vœu de la nation.

Poussé de conséquence en conséquence et d'utopie en utopie, jusqu'à cette dernière limite, ce n'est plus la démocratie que Rousseau nous propose, mais le tumulte et les excès de la démagogie. Ne trouvant nulle part un gouvernement digne de lui, le peuple fera ses affaires lui-même; il sera à la fois souverain et magistrat, législateur, juge, exécuteur de ses propres lois et de ses propres sentences. Le peuple est tout, dans sa volonté se trouvent réunis tous les pouvoirs et tous les droits. « A l'instant même que le peuple est légitimement assemblé en corps souverain, toute juridiction du gouvernement cesse, la puissance exécutive est suspendue et la personne du dernier citoyen est aussi sacrée et inviolable que celle du premier magistrat, parce qu'où se trouve le représenté il n'y a plus de représentant. »

Il est impossible, en lisant ces paroles, de ne pas se figurer la Convention nationale descendue sur la place publique, et quelque chose de pis encore, la Convention nationale en permanence. En effet, ce que Rousseau demande au peuple, ce n'est pas seulement qu'il se réunisse extraordinairement pour revêtir de sa sanction la Constitution ou le Code qu'un grand homme lui propose, c'est qu'il tienne, aussi souvent qu'il le pourra, des Assemblées périodiques, dans lesquelles il votera les lois, nommera les magistrats, décidera de la paix ou de la guerre et prendra toutes les mesures de gouvernement conseillées par les circonstances. Chacune de ces assemblées, convoquée de plein droit au jour marqué, commencera invariablement ses délibérations par ces deux propositions capitales : « S'il plaît au souverain de conserver la présente forme de gouvernement ; s'il plaît au peuple d'en laisser l'administration à ceux qui en sont actuellement chargés. » Quel tempérament robuste il faudra à une nation pour résister seulement quelques années à un pareil régime !

Les effets qu'il doit produire dans l'ordre économique et dans l'ordre moral sont faciles à apercevoir. Un peuple occupé toute l'année, sur la place publique, à légiférer, à gouverner, à juger, à se quereller, n'a point de temps de reste pour ses intérêts matériels et pour la culture de son esprit. Il sera étranger aux arts, aux sciences, à l'industrie, au commerce ; autant de causes d'inégalité parmi les hommes ; par conséquent autant de sources de corruption et de servitude. Il n'aura ni capitales, ni grandes villes ; parce que c'est dans les grands centres de population que se développent toutes ces puissances malfaisantes, et qu'une capitale ne tarde pas à devenir une maîtresse. C'est pour cette raison que certains démagogues de province ont rêvé, en 1848, de brûler Paris. « Souvenez-vous, s'écrie Rousseau, d'un ton plein d'emphase, souvenez-vous que les murs des villes ne se forment que des débris des maisons des champs. A chaque palais que je vois élever dans la capitale, je crois voir mettre en masures tout un pays. » C'est pourtant à Athènes et à Florence, deux villes qui ne dédaignaient pas le commerce et les arts, que les institutions démocratiques ont trouvé le plus de faveur. C'est en Angleterre, autour de la plus grande capitale du monde, que l'agriculture étale ses plus grandes merveilles. Mais Rousseau ne s'arrête pas devant un si mince obstacle. Après avoir proscrit le commerce et l'industrie, il est naturellement plein de mépris pour l'*infâme capital*, comme on disait dans ces derniers temps ; il ne se soucie pas plus des finances de l'État que de la fortune privée des citoyens. « Ce mot de finance, dit-il, est un mot d'esclave : il est inconnu dans la cité. Dans un État vraiment libre, les citoyens font tout avec leurs bras, et rien avec de l'argent. »

Rousseau ne veut parler ici que du service militaire et des œuvres qui intéressent la république tout entière. Cependant, il faut bien que quelqu'un bâtisse les maisons, cultive les terres, fabrique les vêtements, et, à défaut des beaux-arts, exerce les arts mécaniques, dont aucun peuple du monde, depuis le règne de Saturne et de Rhée, ne peut plus se passer. Comment les citoyens, entièrement absorbés par les affaires de l'État, pourront-ils suffire à ces humbles mais indispensables travaux? Il faudra donc des esclaves? Rousseau ne se dissimule pas cette conséquence de ses principes; mais les arguments sans réplique que Montesquieu lui a fournis contre l'esclavage, ne lui permettant pas de l'avouer avec franchise, il essaie de l'introduire sous le voile de l'équivoque et à la faveur de l'insulte. « Quoi! la liberté ne se maintient qu'à l'appui de la servitude? Peut-être. Les deux excès se touchent. Tout ce qui n'est point dans la nature a ses inconvénients, et la société civile plus que tout le reste. Il y a telles positions malheureuses où l'on ne peut conserver sa liberté qu'aux dépens de celle d'autrui, et où le citoyen ne peut être parfaitement libre que l'esclave ne soit parfaitement esclave. Telle est la position de Sparte. Pour vous, peuples modernes, vous n'avez point d'esclaves, mais vous l'êtes ; vous payez leur liberté de la vôtre ; vous avez beau vanter cette préférence, j'y trouve plus de lâcheté que d'humanité. » Le cynisme de ce langage, cette incroyable apologie de l'ilotisme, présentée au nom de la liberté, ces outrages adressés à la société, à la civilisation, à la sainte loi du travail, aux droits de l'humanité, à la pitié, à la justice, sont la plus éloquente réfutation que Rousseau ait pu faire de son propre système.

Si maintenant on veut récapituler en quelques mots les principes dont il est formé, on verra que ce sont exactement les mêmes que ceux de Hobbes, cet apôtre intrépide du despotisme : la société ravalée au rang d'une simple convention, d'une création arbitraire de l'homme ; la volonté substituée au droit, à la raison, aux lois éternelles de l'humanité et de la justice ; l'individu asservi et sacrifié à l'État ; l'État représenté par une autorité unique, qui réunit dans ses mains tous les pouvoirs, celui de faire les lois, celui de les exécuter, celui de les appliquer à l'œuvre de la justice. Il ne manque plus à ce système de tyrannie, pour avoir, dans ses résultats, la plus parfaite ressemblance avec celui du philosophe anglais, que d'être aussi oppressif pour l'âme que pour le corps, pour les croyances que pour les actions. Cette dernière limite, Rousseau l'a franchie. Le philosophe qui nie toute révélation, l'auteur du *Dialogue du Raisonneur et de l'Inspiré* n'est pas éloigné de prêcher la persécution religieuse.

Fidèle à sa doctrine favorite, que l'autorité de l'État doit être sans bornes, il regarde comme la société la plus accomplie celle qui ne distingue point le pouvoir spirituel du pouvoir temporel, et qui fait de la religion une institution purement civile, créée dans l'intérêt de la patrie. Telle a été la société antique, celle des Grecs et des Romains, les deux plus grands peuples de la terre, les seuls, selon l'auteur du *Contrat social*, qui aient connu la liberté. Le christianisme, en séparant les deux puissances que le paganisme avait réunies, en plaçant la théologie en dehors et au-dessus de la politique, a rompu cette harmonie si nécessaire au bonheur des nations, et a fait naître les divisions intestines qui agitent depuis tant de siècles les peuples chrétiens. Mahomet a fait preuve d'une rare sagesse en suivant une voie tout opposée. Aussi, les kalifes, ses successeurs, tant qu'ils ont marché sur ses traces, sont-ils restés les chefs presque adorés d'un immense et florissant empire. Henri VIII, le fondateur de la réforme en Angleterre, a eu moins de génie : au lieu de se déclarer le maître et le législateur de l'Église, il s'est borné à en être le premier ministre ; il a moins acquis le droit de la changer que le pouvoir de la maintenir, et a laissé subsister, en face du trône, un clergé ombrageux et puissant. L'autorité même des czars n'est pas encore, aux yeux de Rousseau, la souveraineté complète. Il n'y a, dans son opinion, que l'auteur du *Léviathan* qui en ait véritablement compris toutes les conditions. « De tous les auteurs chrétiens, dit-il, le philosophe Hobbes est le seul qui ait bien vu le mal et le remède, et qui ait osé proposer de réunir les deux têtes de l'aigle et de tout ramener à l'unité politique, sans laquelle jamais État ni gouvernement ne sera bien constitué. »

Mais comment faire pour se conformer à cette règle ? Imiter les politiques païens et surtout ceux de l'ancienne Rome, fabriquer de toutes pièces une religion adaptée aux besoins de l'État et qui se prête à tous ses desseins est une chose impossible. Susciter dans le sein du christianisme une nouvelle Église, une secte nouvelle, l'histoire nous est témoin que c'est un moyen impuissant, parce qu'il est dans l'essence de la foi chrétienne, occupée uniquement des choses du ciel, de séparer la société civile de la société religieuse. L'État s'adressera donc à la raison, à la philosophie ; il lui demandera la rédaction d'un symbole qui suffise à ses intérêts les plus essentiels, qui lui réponde des sentiments nécessaires à un bon citoyen, à un sujet fidèle. L'existence d'un Dieu tout-puissant et providence du monde ; celle d'une vie future, où les méchants seront punis et les justes récompensés ; l'obligation de respecter les lois du pays où l'on vit, et tous les devoirs que nous impose le *Contrat social* : tels en sont les principaux articles. L'État exigera, sous peine de bannissement, que ce symbole soit professé publiquement par toute personne arrivée à l'âge adulte, et quiconque, après l'avoir reconnu en paroles, le démentira par ses actions, devra être puni de mort. : « Il a commis le plus grand des crimes, il a menti devant les lois. » Ce que Rous-

seau nous propose ici est bien pis qu'une religion
d'État; c'est une philosophie d'État, appuyée sur
la double menace de l'exil et de la mort : de l'exil
comme moyen de contrainte; de la mort comme
moyen de vengeance. On comprend, à la rigueur, une religion d'État, parce que la foi peut
être poussée à un degré d'ardeur et d'aveuglement où elle ne souffre plus la contradiction
et où elle voit, dans ses adversaires, dans les
croyants d'une autre Église, les ennemis de
Dieu même. Mais une philosophie d'État, surtout quand elle invoque la rigueur des châtiments, est un monstre incompréhensible. Vous
voulez faire accepter de ma raison ce que la vôtre
a accepté? Démontrez-le-moi; voilà votre seul
droit; car entre vous et moi, la raison seule est
juge; tant que vous ne m'aurez pas convaincu,
ma négation sera aussi légitime que votre affir-
mation, et vous ne pouvez avoir la prétention de
me convaincre par le bannissement et par la
mort. Rousseau a confondu deux choses essentiellement distinctes : le domaine de la loi et celui
de la conscience. La loi n'a rien à me commander que les actions nécessaires à la paix, à
la conservation, à la défense et au bon ordre de

la société et de l'État ; elle n'a rien à me défendre que les actions nuisibles à mes concitoyens et à la société en général. Toutes les autres, et à plus forte raison les pensées, sont en dehors non seulement de son autorité, mais de son pouvoir. Elles appartiennent au domaine inviolable de la conscience et de la liberté morale.

En matière de croyances, la proscription est inséparable de la contrainte, et Rousseau n'a pas manqué de joindre ce dernier excès au premier. Empruntant à Locke une de ces maximes où les antipathies du protestant se montrent encore plus que les convictions du philosophe, il veut que l'État, hospitalier pour toutes les religions, même pour le paganisme, si ses dieux pouvaient ressusciter, ne bannisse de son sein que celles dont les dogmes respirent l'intolérance. Les conséquences de ce principe et le but dans lequel il a été adopté sont parfaitement visibles dans ces mots : « Quiconque ose dire : *Hors de l'Eglise point de salut*, doit être chassé de l'État, à moins que l'État ne soit l'Église, et que le prince ne soit le pontife. » C'est donc le catholicisme d'abord qu'il faut proscrire et exiler de toute la terre, au nom de la tolérance et de la liberté ! mais la logique

ne permet pas de s'arrêter là. Comme on ne
conçoit pas une religion vraiment digne de ce
beau nom, qui n'ait la persuasion qu'elle est
seule dans le vrai, qu'elle seule est le chemin du
salut et de la vie éternelle, et que les autres sont
d'autant plus fausses qu'elles s'éloignent davantage de ses propres dogmes, la même proscription devra s'étendre indistinctement à tous les
cultes. Il n'y aura d'exception qu'en faveur du
déisme, élevé au rang de religion d'État ; non
pas que le déisme s'écarte de la condition commune, mais parce qu'il est imposé par la loi.
Que l'État, gardien vigilant de la paix et de la
liberté publique, protecteur impartial de tous les
membres de la cité, tant qu'ils n'ont pas mé-
connu leurs obligations envers lui et envers la
société, interdise à une classe de citoyens d'opprimer, de vexer, d'insulter les autres sous prétexte de venger la cause de Dieu ou de les sauver
malgré eux, il est parfaitement dans son droit et
dans son devoir ; mais qu'il ait la prétention de
faire la police des âmes, qu'il montre au croyant
la limite que la foi peut atteindre et qu'il lui est
défendu de dépasser, c'est de toutes les tyran-
nies la plus abominable et la plus insensée.

Au reste, dans sa partie religieuse comme dans sa partie politique, le système de Rousseau a été jugé par l'expérience. A celle-ci nous devons le gouvernement de la Convention et le régime de la Terreur; à celle-là, le déisme de Robespierre, le culte de l'Être suprême, fondé par décret, à l'ombre de l'échafaud, sur les ruines des temples et des autels. Robespierre et la Montagne n'ont rien inventé; ils se sont bornés à copier. Encore sont-ils restés bien loin de leur modèle.

CHAPITRE V

L'*Émile*, ou théorie de l'éducation.

La pensée de Rousseau sur la société et sur les rapports de la société avec la nature, n'est pas contenue tout entière dans les ouvrages que nous venons d'examiner : elle achève de se développer et de trahir en même temps son inconsistance et sa faiblesse dans les écrits que Rousseau a consacrés à l'éducation. La science de l'éducation n'appartient pas seulement à la morale, elle se rattache par des liens non moins étroits à la politique et à la législation; car si l'existence de l'État et de la société en général est garantie par les lois, les lois à leur tour ne peuvent subsister que par les mœurs, les idées, les sentiments, les croyances dont les âmes auront été imbues dès la plus tendre jeunesse. Aussi jamais les philosophes et les législateurs de l'antiquité n'ont-ils songé à séparer, à isoler l'une de l'autre ces deux parties essentielles de la science de l'homme. Rousseau n'a fait que suivre leur exemple.

De même qu'il y a pour lui deux hommes, non seulement différents, mais opposés l'un à l'autre, l'homme de la nature et l'homme de la société, de même il nous propose deux systèmes d'éducation qui se contredisent sur tous les points. « L'homme naturel, dit-il, est tout pour lui, il est l'unité numérique, l'entier absolu, qui n'a de rapport qu'à lui-même et à son semblable. L'homme civil n'est qu'une unité fractionnaire, qui tient au dénominateur, et dont la valeur est dans son rapport avec l'entier, qui est le corps social. Les bonnes institutions sociales sont celles qui savent le mieux dénaturer l'homme, lui ôter son existence absolue pour lui en donner une relative et transporter le *moi* dans l'unité commune, en sorte que chaque particulier ne se croie plus un, mais partie de l'unité, et ne soit plus sensible que dans le tout. »

Ce langage algébrique a son éloquence. Il résume en quelques mots d'une clarté ingénieuse et d'une précision admirable toute la pensée de Rousseau. Il signifie que l'homme n'est un être libre, une personne morale, une création divine appelée à l'existence pour une fin qui lui est propre, que hors de la société ; mais que, sous l'empire de l'ordre social, il faut qu'il renonce à lui-même, c'est-à-dire à sa liberté, à sa raison, à sa conscience, même à ses instincts, pour se soumettre aveuglément à la volonté commune, pour absorber sa vie dans celle de la multitude. Pour atteindre à ce dernier résultat, les institutions dont Rousseau vient de parler et qu'il développe dans le *Contrat social* sont absolument insuffisantes. Il faut y joindre une certaine façon d'élever et d'instruire les générations nouvelles qui les prépare à cette absorption future, qui leur en fasse, dès la plus tendre enfance, une habitude et un besoin, qui efface tous leurs instincts naturels devant cette vie collective toute de convention et d'artifice. Rousseau a très bien compris que le gouvernement qu'il nous propose, manquant par lui-même de constance et de stabilité, il faut y suppléer par les coutumes et par les mœurs, en pétrissant les âmes et même les corps d'après un modèle uniforme, consacré par l'État. Mais si l'on veut remonter de ce régime à l'état de nature, si l'on veut rendre à la personne humaine sa liberté, son indépendance, sa dignité, sa grâce, sa pureté originelle, il faut suivre une voie tout opposée, il faut placer l'homme entièrement en dehors de l'influence de ses semblables, il faut l'entourer de telles circonstances, que la nature seule soit sa maîtresse et son guide, sauf à lui chercher ensuite une patrie où il puisse vivre et exercer sans contrainte ces facultés si précieusement, non pas conservées, mais restaurées en lui. Afin de se ménager cette ressource, Rousseau professe la maxime déjà enseignée par Locke : que chaque homme, en devenant majeur, acquiert le droit de renoncer à sa patrie comme à la succession de son père.

Ces deux systèmes d'éducation si contraires l'un à l'autre sont également enseignés par Rousseau, le premier dans les *Considérations sur le gouvernement de la Pologne*, le second dans *Émile*.

La Pologne, menacée de se dissoudre par sa propre anarchie et de tomber, comme cela lui arriva plus tard, mutilée et écrasée sous la domination étrangère, demanda des conseils aux deux publicistes les plus renommés de l'Europe, à J.-J. Rousseau et à Mably. Rousseau ne se fait aucune illusion sur les destinées de ce peuple plus héroïque que sage qui prend le faste pour la gloire, et la turbulence pour la liberté. « L'indépendance de chaque particulier, dit Montesquieu, est l'objet des lois de la Pologne, et ce qui en résulte l'oppression de tous. » Rousseau ne porte pas sur sa Constitution un jugement plus favorable, et il croit sa position extérieure désespérée. Montrant aux Polonais leurs puissants voisins tout prêts à les envahir : « Vous ne sauriez empêcher, dit-il, qu'ils ne vous engloutissent; faites au moins qu'ils ne puissent vous digérer. »

Mais comment ce vœu sera-t-il accompli? Par quels moyens la Pologne ou toute autre nation pourra-t-elle conserver son existence, son génie propre, son caractère et ses institutions sous la puissance même de ses ennemis, après avoir été obligée de céder sur le champ de bataille au nombre et à la force? Par les moyens que nous ont enseignés les grands législateurs de l'antiquité, un Moïse, un Lycurgue, un Numa Pompilius. Ces hommes de génie, par des procédés divers, se sont tous proposé le même but, et ont également réussi à l'atteindre. Ils se sont emparés des nations qui leur avaient confié leurs destinées, pour les façonner et les pétrir à leur guise, de manière à ne plus rien leur laisser de commun avec les nations étrangères. Chacun d'eux, par les institutions qu'il lui a données et par l'éducation qu'il a appelée au secours de ces institutions, a fait de son peuple une société tellement particulière, tellement originale, qu'elle ne pouvait se mêler avec aucune autre, et que son génie national, pour ainsi dire identifié avec le sang, a pu résister victorieusement à toutes les causes de destruction : de là la grandeur sans exemple des Romains, le patriotisme indomptable des Spartiates, et la persistance du peuple juif, son opiniâtreté dans sa foi et dans ses espérances, au milieu des plus atroces persécutions.

Tels sont les exemples que la Pologne doit imiter, telle est l'éducation qu'elle doit donner à ses enfants, si elle veut obtenir, jusqu'au sein de sa ruine, la même immortalité. « Un enfant, dit-il, en ouvrant les yeux, doit voir la patrie, et jusqu'à sa mort ne doit plus voir qu'elle. Tout vrai républicain suça avec le lait de sa mère l'amour de sa patrie... Cet amour fait toute son existence ; il ne voit que la patrie, il ne vit que pour elle. Sitôt qu'il est seul, il est nul; sitôt qu'il n'a plus de patrie, il n'est plus, et, s'il n'est pas mort, il est pis. » Que les Polonais veillent donc à faire de leurs enfants uniquement des Polonais, comme les Romains ne songeaient qu'à être des Romains, les Spartiates des Spartiates, les Hébreux des Hébreux. Qu'ils les écartent d'une main jalouse de cette civilisation générale qui a fait de toute l'Europe un seul et même peuple, de sorte qu'il n'existe plus ni Français, ni Allemands, ni Espagnols, ni Anglais, mais seulement des Européens. Que les Polonais ne connaissent que l'histoire, la géographie, l'histoire naturelle, la législation, la langue et la littérature de la Pologne; que leurs jeux, leurs fêtes, leurs usages, leurs vêtements même aient un caractère purement national. Que les lois condamnent au bannissement quiconque laisse apercevoir en lui d'autres goûts, d'autres connaissances, d'autres idées, qui fait choix d'autres plaisirs, ou même d'autres vêtements que ceux de son pays.

Il n'est pas besoin de faire remarquer à quel point ce patriotisme farouche renouvelé des plus mauvais jours du paganisme, est contraire à la civilisation, à la religion, à l'humanité, à la paix et aux progrès déjà accomplis par les nations pour se rapprocher les unes des autres, et ne faire un jour, avec le concours de la vapeur et de l'électricité, qu'une seule famille. Mais il y a un intérêt plus proche et non moins sacré qui est menacé par ce système; je veux parler du droit ou plutôt de l'existence de la famille elle-même. On comprend, en effet, qu'une éducation uniquement nationale ne peut être qu'une éducation publique, et que, sous un pareil régime, les enfants appartiennent à l'État, non au père et à la mère, à qui l'État peut les enlever quand il veut, pour les élever et les traiter comme il lui plaît. Il lui sera permis, il lui sera commandé même, pour en faire des citoyens, de leur ôter ce qui peut rester des sentiments de l'homme. « Les enfants, comme dit Aristote en parlant de l'éducation en usage à Sparte, les enfants ressembleront à un troupeau de jeunes poulains élevés sous la garde et pour l'usage de la république. » C'est précisément ce que Rousseau demande dans l'ouvrage qui nous occupe en ce moment, ou quand il parle de l'éducation dans ses rapports avec la société.

Cette doctrine a contre elle, non seulement tous les principes de la morale, tous les sentiments naturels du cœur humain, les droits sacrés de la famille et les droits de l'enfance, qui ne peut être livrée comme une vile matière à l'expérience du législateur; elle a contre elle même la force des choses, car elle est devenue impraticable. Les croyances religieuses et les idées civilisatrices qui pénètrent toute l'humanité, les conquêtes de l'industrie et de la science qui confondent toutes les frontières ne permettent plus à aucun peuple de se renfermer ainsi chez lui et de n'élever que pour lui sa postérité, sous la compression d'un despotisme immuable. Voyons donc si l'autre système, celui qui est développé dans *Émile*, est beaucoup plus facile à suivre.

« *Émile*, a dit M. Villemain, est le monument de Rousseau, son œuvre de génie, sa création éloquente. *Émile* a fait partie de l'influence politique de Rousseau et les doctrines de cet ouvrage sont entrées pour beaucoup dans l'esprit de rénovation qui s'est mêlé parmi nous à la réforme politique. » Je ne conteste pas ce jugement, pourvu qu'il soit circonscrit dans de justes limites, car le livre que l'on qualifie ainsi renferme des parties très diverses et d'inégale valeur. Ce qu'on y remarque, ce que l'auteur veut que nous y voyions avant tout, c'est un système d'éducation qui a pour but de ramener l'homme à la nature, ou de le placer dans un tel état d'isolement qu'il lui soit possible d'y revenir de lui-même, et d'être lui tout entier, sans connaître l'influence délétère de la société, sans avoir revêtu aucun de ces moules dans lesquels elle déforme les âmes, sans avoir subi aucune de ses mutilations et de ses contraintes. Or, il suffit qu'un tel plan soit énoncé devant nous pour qu'il nous apparaisse à l'instant même comme absolument chimérique. Il est impossible de se figurer une créature humaine dont on dirige les facultés intellectuelles et morales, à qui l'on parle ou au moins à qui l'on apprend à parler, et qui ne reçoit point, par la parole, communication de mille idées, de mille sentiments étrangers, qui ne respire point par elle l'esprit tout entier de la société. Une objection semblable s'élève du côté du maître ou du gouverneur. Quel est donc cet homme qui se chargera d'élever un de ses semblables sans rien lui communiquer de ce qui est en lui et de ce que lui-même, sans aucun doute, a emprunté aux autres? Comment faire le vide autour de tous les deux? comment écarter de leur commerce le monde entier? L'éducation d'Émile, nous répond Rousseau, se fera à la campagne, dans un beau château reculé de toutes les autres habitations. Cela rend déjà ses conseils d'un usage très restreint, car tout le monde ne peut vivre à la campagne, tout le monde ne possède pas un beau château; et dans ces conditions mêmes, comme Rousseau est forcé de l'admettre, n'y a-t-il pas d'autres habitants que le maître et l'élève? N'y a-t-il pas une famille, des domestiques, un jardinier, des ouvriers?

Accordons qu'au milieu de ce nombreux entourage la nature seule sera toujours entendue, que le maître pourra toujours la faire parler à volonté et le disciple toujours entendre sa voix, nous nous trouverons alors devant une autre difficulté non moins insurmontable. Cet homme de la nature, quand vous aurez fini de l'élever, dans quel monde, dans quel pays, chez quel peuple le ferez-vous vivre? Émile voyagera, nous répond encore Rousseau, à la recherche de la patrie qui lui conviendra le mieux; car, ainsi que je l'ai déjà dit, chacun a le droit de choisir la sienne. Mais vous n'y songez pas! Rappelez-vous donc ce que vous avez dit au début de votre livre, et ce que vous avez démontré en détail dans vos *Considérations sur le gouvernement de la Pologne* : « Les bonnes institutions sociales sont celles qui savent le mieux dénaturer l'homme, lui ôter son existence absolue pour lui en donner une relative, et transporter le *moi* dans l'unité commune. » Et ce que les bonnes institutions sociales, les seules qui devraient paraître dignes de votre choix, font d'une manière si complète, les médiocres et les mauvaises le font au moins à demi; de sorte que votre élève ne pourra s'arrêter nulle part, si ce n'est dans les forêts vierges de l'Amérique, à moins de refaire complètement votre œuvre.

Mais il n'y a pas seulement dans *Émile* un système d'éducation : il y a une philosophie, dont je parlerai tout à l'heure, et même dans ce système d'éducation, il faut distinguer avec soin ce qui se rattache au corps et ce qui concerne le cœur et l'intelligence.

Tout ce que dit Rousseau des soins dus à l'enfance est à peu près irréprochable. Il a fait tomber une foule de préjugés nuisibles à cet âge si tendre. Il a donné un sens à ses vagissements et fait comprendre ses douleurs. Son éloquence pénétrante a fait entendre aux mères qui l'avaient oubliée la voix de la nature. Il a fait servir ses fautes mêmes et le remords qu'elles lui ont laissé à ranimer dans les cœurs la tendresse paternelle. Il a rappelé que la santé de l'âme étant liée à celle du corps, celle-ci ne doit pas plus être négligée que celle-là, et que les exercices physiques doivent venir en aide au travail de la pensée et à la domination de la volonté sur les passions. Quoique beaucoup d'autres, Rabelais, Montaigne, Buffon et surtout Locke, l'aient devancé dans cette voie, il se montre original par les observations nouvelles qu'il ajoute à celles de ses devanciers, et par la vive sensibilité dont il a su les animer.

Il est impossible de dire le même bien de la manière dont il prétend former le cœur et l'intelligence. « La première éducation, dit-il, doit être purement négative. Elle consiste non point à enseigner la vertu ni la vérité, mais à garantir le cœur du vice et l'esprit de l'erreur. » Cette méthode consiste à placer l'enfant dans de telles circonstances, qu'il puisse apprendre par lui-même, par son expérience personnelle, sans le secours des livres et des leçons, ce qu'il lui importe le plus de savoir et l'utilité qu'il y a de pratiquer certaines vertus nécessaires même à son âge pour vivre en paix avec ses semblables. Sans insister sur le danger qu'il y a à laisser une jeune âme entièrement dépourvue, jusqu'à dix-huit ans, de toute idée de Dieu, d'un enseignement moral ferme et décidé, je me contenterai de dire que cette méthode est simplement impraticable, et que, lorsqu'on l'essaie, elle tourne contre le but qu'on veut atteindre. Elle réclame une mise en scène, un personnel de confidents et de comparses, une fécondité de stratagèmes qui ne peuvent pas être à la portée même de l'homme le plus inventif placé dans une situation exceptionnelle. Qu'on se rappelle l'entretien avec le jardinier Robert, la comédie jouée dans la rue pour faire rentrer chez lui l'enfant mutin, le drame non moins compliqué du joueur de gobelet, et tant d'autres arrangements ou puérils, ou impossibles, mais nécessaires dans ce système, car vainement avez-vous résolu de laisser la parole à la nature et à l'expérience, encore faut-il que vous fassiez naître les occasions de la faire parler et qu'en la tirant en quelque façon sur la scène vous ayez toujours soin de cacher votre main et vos machines. Si l'on joint à cet appareil dramatique l'usage que Rousseau fait de la gourmandise pour éveiller les facultés assoupies de son élève, on sera forcé de faire remonter jusqu'à lui une des maximes les plus bizarres de Charles Fourier : c'est que toute l'éducation de l'enfance repose sur l'opéra et la cuisine.

Une autre erreur de Rousseau est d'avoir voulu substituer pour l'enfance et l'adolescence l'étude de la géométrie, de la géographie, de la cosmographie et des sciences en général à celle des langues. Cette erreur, déjà professée par Locke, a du moins le mérite d'être la conséquence légitime d'un système qui veut isoler l'homme de ses semblables et le mettre toujours en présence de la nature des choses : car les langues et à leur suite les littératures sont l'esprit même de l'humanité revêtu d'une enveloppe matérielle. Mais cela seul nous prouve combien la doctrine de Locke et de Rousseau, exagérée par Pestalozzi est dangereuse et fausse.

La meilleure partie d'*Émile* et aussi la plus

éloquente, la plus irréprochable devant la raison en même temps qu'elle exerce sur le sentiment et sur l'imagination un ascendant irrésistible, est sans contredit celle qui se rapporte à la morale et à la philosophie, non seulement la *Profession de foi du Vicaire savoyard*, mais les pages qui précèdent cet admirable morceau et tout ce qui tient au même sujet. Quand je parle de la morale et de la philosophie de Rousseau je n'ai pas besoin de dire que j'en sépare la controverse théologique, car ce n'est point là que Rousseau est lui-même. Cette hostilité contre le dogme et la révélation lui est commune avec son siècle, et quand elle se sépare de l'incrédulité générale, c'est pour devenir exclusivement protestante.

Mais pourquoi la philosophie, pourquoi la morale que Rousseau enseigne dans *Émile* sont-elles si belles? Parce que, dans le langage le plus entraînant et le plus persuasif qui ait jamais été parlé depuis Platon et depuis Bossuet, elles condamnent à la fois et le matérialisme désolant du xviiiᵉ siècle et les idées chimériques ou subversives du *Contrat social* et du *Discours sur l'inégalité*. Le *Discours sur l'inégalité* condamne l'ordre social; le *Vicaire savoyard* regarde comme une vérité hors de doute que l'homme est sociable par sa nature ou du moins fait pour le devenir, et que, de même qu'il a des instincts innés qui veillent sur sa conservation, il a aussi des sentiments innés qui lui enseignent ses devoirs à l'égard de ses semblables. Le *Discours sur l'inégalité* et le *Contrat social* tout ensemble nous présentent la propriété comme une usurpation et comme un malheur. Le dialogue de Jean-Jacques avec Robert dans *Émile* démontre qu'elle est un droit imprescriptible, fondé sur le travail. « Je lui fais sentir, dit Rousseau, qu'il a mis là son temps, son travail, sa peine, sa personne enfin; qu'il y a dans cette terre quelque chose de lui même, qu'il peut réclamer contre qui que ce soit, comme il pourrait retirer son bras de la main d'un autre homme qui voudrait le retenir malgré lui. » La famille elle-même est détruite avec la société et avec la propriété dans le *Discours sur l'inégalité* et compromise dans le *Contrat social*, ainsi que dans les *Considérations sur la Pologne*, par la souveraineté absolue de l'État; elle est glorifiée et épurée dans *Émile* par le devoir fait aux mères de nourrir leurs enfants et aux pères de les élever; par l'éducation de Sophie, qui fait de la femme la compagne aimable de l'homme, et de l'homme l'appui de la femme. Selon le *Discours sur l'inégalité*, l'homme n'a que des sensations et de vagues instincts : la pitié et l'amour de soi. Le *Vicaire savoyard* dit au contraire : « Je ne suis pas seulement un être sensitif et passif, mais un être actif et intelligent, et, quoi qu'en dise la philosophie, j'oserai prétendre à l'honneur de penser. — « Quoi ! dit-il encore, je puis observer, connaître les êtres et leurs rapports ; je puis sentir ce que c'est qu'ordre, beauté, vertu ; je puis contempler l'univers, m'élever à la main qui le gouverne ; je puis aimer le bien, le faire, et je me comparerais aux bêtes ! Ame abjecte, c'est ta philosophie qui te rend semblable à elles, ou plutôt tu veux en vain t'avilir, ton génie dépose contre tes principes ; ton cœur bienfaisant dément ta doctrine, et l'abus même de tes facultés prouve leur excellence en dépit de toi. » Nous voilà loin de cette proposition sauvage : « L'homme qui médite est un animal dépravé. » Enfin, dans le *Contrat social*, il n'y a pas de principe supérieur à la volonté générale ; tout devient légitime par cela seul que le peuple l'a voulu. Dans la *Profession de foi du Vicaire savoyard*, nous lisons cette magnifique invocation à la conscience, qui est présente à toutes les mémoires : « Conscience, instinct divin, immortelle et céleste voix, guide assuré d'un être ignorant et borné, mais intelligent et libre. »

Tous ces principes étaient connus avant Rousseau, grâce au ciel. Ils forment la base de la philosophie de Descartes, de Leibnitz et de Fénelon. Mais Rousseau leur a donné une puissance, une force, une autorité universelle, un charme de séduction qu'ils n'avaient jamais eus. C'est là qu'est la plus solide partie de sa gloire. C'est par là qu'il doit nous être sacré et cher, malgré ses erreurs et ses fautes. Il faut donc bien se garder de porter sur Rousseau un jugement absolu. L'antagonisme qu'il a cru voir entre la société et la nature, c'est véritablement en lui qu'il existe. En lui, l'esprit de chimère est constamment aux prises avec l'esprit de vérité, l'apologie de la vie animale et de la brutale puissance du nombre avec l'amour de la liberté, le sentiment du bien et du beau avec toutes ces nobles et immortelles croyances, qui donnent à chacun son véritable rang dans la création. Son influence a été double, comme sa vie et ses doctrines. Du sein aride et desséché d'une génération incrédule, il a fait sortir cette philosophie spiritualiste, profondément émue et pleine d'humanité, dont nous sommes redevables à lui, et non à l'école écossaise ou à l'école allemande. L'école écossaise et l'école allemande ont pu trouver des partisans à la Sorbonne et dans l'Université. Jamais l'empirisme confus de la première et l'idéalisme nuageux de la seconde n'ont fait la moindre impression, je ne dis pas sur les masses, mais sur le public poli et lettré, ou ce qu'on appelait, au xviie siècle, les honnêtes gens. C'est la voix puissante de Rousseau qui leur a rendu la conscience de leur âme immortelle, qui a éveillé dans leurs cœurs un commencement de foi et d'espérance. Mais Rousseau est aussi le père du socialisme et de la démagogie. Toutes les variétés de l'école socialiste sont sorties de sa doctrine, comme les branches d'un arbre sortent du même tronc. Il a appelé sur ses pas le communisme, en soutenant que la propriété n'est pas dans la nature et qu'elle seule a enfanté les iniquités et les vices de la société. Il a fourni au saint-simonisme le dangereux principe de la toute-puissance de l'État; il lui a montré, comme l'idéal de la justice et du bonheur, comme le seul fondement d'une bonne organisation politique, l'absorption de l'individu dans le corps social. Il n'est pas jusqu'au système abject de Fourier dont il n'ait posé la base, en soutenant la bonté native de l'homme et en mettant l'instinct, par conséquent la passion, au-dessus de la raison ; en déclarant la passion infaillible, souveraine, jusqu'au moment où les lois de la civilisation sont venues la pervertir. Il a donc fait à la fois beaucoup de bien et beaucoup de mal. Lequel des deux l'emporte? Il serait difficile de le dire ; peut-être même le temps n'en est-il pas encore venu. Mais il faut se souvenir de l'un et de l'autre, en combattant le mal sans relâche, et en se servant du bien pour honorer la mémoire d'un homme de génie qui a beaucoup aimé et beaucoup souffert.

FIN

TABLE

LIVRE PREMIER

LOCKE

	Pages.
I. — Notions biographiques.	1
II. — Principe de droit naturel, la propriété	6
III. — Le gouvernement civil	23
IV. — La liberté religieuse	42

LIVRE II

VICO

I. — Notions biographiques	67
II. — Ses ouvrages.	75
III. — Le principe du droit.	80
IV. — La raison	91
V. — L'histoire	111

LIVRE III

MONTESQUIEU

	Pages.
I. — Notions biographiques. — *Les Lettres persanes*.	137
II. — « Considérations sur les causes de la grandeur et de la décadence des Romains ».	154
III. — La politique des Romains. — Sylla et Eucrate Lysimaque.	177
IV. — L'esprit des lois.	190
V. — Les formes du gouvernement.	209
VI. — Conséquences des différentes formes de gouvernement.	226
VII. — La liberté politique.	247
VIII. — La législation criminelle.	264

LIVRE IV

JEAN-JACQUES-ROUSSEAU

I. — Notions biographiques.	287
II. — Discours sur l'inégalité parmi les hommes.	301
III. — Le *Contrat social*.	321
IV. — La théorie du gouvernement.	334
V. — L'*Émile* ou théorie de l'éducation.	359

CALMANN LÉVY, ÉDITEUR

EXTRAIT DU CATALOGUE

DUC D'ORLÉANS

Campagnes de l'armée d'Afrique, 1835-1839, avec un Portrait du duc d'Orléans, par Horace Vernet. — 1 beau volume in-8°. 7 50

Lettres, 1825-1842, avec un Portrait d'après Alfred de Dreux. — 1 volume in-8°...   7 50

Récits de Campagne, 1833-1841, publiés par ses fils le Comte de Paris et le Duc de Chartres, 1 volume............   7 50

COMTE DE PARIS

Histoire de la Guerre civile en Amérique. Tomes I à VII. — 7 forts volumes in-8°.. ..   52 50

Atlas pour servir à l'Histoire de la Guerre civile en Amérique. . . . .   45 »

De la situation des ouvriers en Angleterre. — 1 volume in-8°.   6 »

PRINCE HENRI D'ORLÉANS

Six mois aux Indes (Chasses aux tigres). — 1 volume grand in-18. . . . .   3 50

DUC D'ALENÇON

Luçon et Mindanao. — 1 volume grand in-18 . . . . .   3 50

PRINCE DE JOINVILLE

Etudes sur la Marine et Récits de guerre. — 2 volumes in-18.   7 »

Guerre d'Amérique (Campagne du Potomac). — 1 volume grand in-18. . . . .   3 50

DUC D'AUMALE
De l'Académie française.

Histoire des princes de Condé, pendant les xvi° et xvii° siècles. — 6 volumes in-8°..   45

Atlas pour servir à l'Histoire des princes de Condé......   5 »

Alésia. Étude sur la septième campagne de César en Gaule. — 1 volume in-8°. . . . .   6 »

Les Institutions militaires de la France. — 1 volume in-8°.   6 »

Les Zouaves et les Chasseurs à pied. — 1 volume grand in-18. . . . .   1 »

La Question algérienne, à propos de la lettre adressée par l'Empereur au maréchal de Mac-Mahon — Brochure in-8°. . . . .   1 »

Discours à l'Académie. — Brochure in-8°   1

Paris. — Imprimerie A Delafoy, 3, rue Auber.

www.ingramcontent.com/pod-product-compliance
Lightning Source LLC
Chambersburg PA
CBHW071910230426
43671CB00010B/1553